费曼学习法

苗卉 ◎ 著

化学工业出版社

·北京·

内容简介

本书分为8章，以费曼学习法为核心，结合作者多年教育咨询经验，拆解常见学习场景，根据具体情况给出解决方案，帮助家长了解孩子学习的底层逻辑，为学生提高学习成绩提供指导。全书包含大量真实案例，适合学生与家长共同阅读。

图书在版编目（CIP）数据

费曼学习法 / 苗卉著. -- 北京：化学工业出版社，2024.11. -- ISBN 978-7-122-46426-2

Ⅰ．G442-49

中国国家版本馆CIP数据核字第20246UL630号

责任编辑：罗　琨　　　　　　　　装帧设计：韩　飞
责任校对：边　涛

出版发行：化学工业出版社
　　　　　（北京市东城区青年湖南街13号　邮政编码100011）
印　　装：三河市双峰印刷装订有限公司
880mm×1230mm　1/32　印张9　字数178千字
2025年7月北京第1版第1次印刷

购书咨询：010-64518888　　　　　售后服务：010-64518899
网　　址：http://www.cip.com.cn
凡购买本书，如有缺损质量问题，本社销售中心负责调换。

定　　价：48.00元　　　　　　　　　　版权所有　违者必究

前言

为什么要写费曼学习法

在实际咨询中,我经常听到家长们抱怨:学习方法的书看了一本又一本,可即便学得再多、再透,一拿来指导自家孩子的学习,总是会出现各种问题,根本执行不下去。孩子们将习题做了一本又一本,课听了一门又一门,可就是不见成绩的提升,学得疲惫又痛苦。

为了解决家长和孩子们这个问题,我一直在实践中不断总结和复盘,希望寻找到一种学习方法,既能通用于各个学科的学习,又能稍加变形就可用来解决孩子们实际学习中遇到的各类问题。

费曼学习法就是这样一个基础又百搭的学习方法。在这本书中我会详细地把这种方法分享给大家,希望家长和孩子们能够在阅读和学习的过程中,找到专属于自己的学习技巧。

这本书包括什么内容

第一章介绍费曼学习法的逻辑、内涵与具体应用方法;

第二章分析费曼学习法的优势以及在学习中的具体应用场景；第三章围绕提升孩子学习动力讲解费曼学习法的应用；第四章从提升学习能力入手，帮助孩子提升学习效率；第五章讲解费曼学习法在制订学生专属提升方案中的应用；第六章讲解如何应用费曼学习法提升阅读和写作能力，进而提升应试成绩；第七章讲解费曼学习法在数理化学习中的应用，帮助孩子突破理科学习瓶颈，进而提升学科成绩；第八章讲解费曼学习法在史地政生学习中的应用，帮助孩子获得更高分数。

本书读者对象

- 渴望提升学习成绩，优化学习方法的中小学生；
- 希望帮助孩子制订专属学习规划的家长；
- 希望了解学习方法、学习逻辑，科学育儿的家长。

目录

第一章　什么是费曼学习法　001

一、什么是费曼学习法　001
费曼是谁　001
费曼学习法的产生　003
费曼学习法的应用案例　005

二、费曼学习法的底层逻辑　008
教是最好的学　008
化整为零　011
查漏补缺　012

三、费曼学习法的操作步骤　013
明确学习目标　014
输出检验　019
发现学习中的薄弱环节　021
回顾精简　022

第二章 为什么要学费曼学习法   025

一、费曼学习法的优势   025
    激发学习动力   026
    提升记忆效率   028
    促进知识内化   031

二、费曼学习法可以解决哪些学习中的痛点   033
    学习没重点   033
    学了不会用   034
    拒绝假努力   036

三、费曼学习法在学习中的应用   037
    提升预习效率   038
    发现学习漏洞   039
    提升学科成绩   040

第三章 如何用费曼学习法激发孩子的学习动力   053

一、心态调整   053
    打破"学不会"的魔咒   054
    学会延迟满足   056
    找到学习的意义   059

二、建立自信   061

建立学习自信的关键	061
建立学习自信的方法	064
陪孩子看到第一次正向反馈	068

三、通过亲子互动激发学习动力 071
亲子互动的基本原则 072
推荐激发学习动力的三种亲子互动项目 074

第四章　如何用费曼学习法提升孩子的学习能力 079

一、提升学习能力的三个关键 079
优化学习方法 080
搭建学习闭环 082
提升行动力 088

二、提升时间管理能力 091
中小学生的时间管理逻辑 091
中小学生时间管理的大循环 093
中小学生时间管理的中循环 096
中小学生时间管理的小循环 100
寒暑假时间管理 103

三、提高应试技巧 114
考试考的是什么 114
看清题目意图 116

考前复习策略 118

考前时间安排 142

考场应试技巧 146

考前心态调整 148

第五章　如何用费曼学习法制订专属提升方案　151

一、元无知　152

什么是学习中的"元无知" 152

"元无知"的危害 153

如何应用费曼学习法发现"元无知" 158

二、发现学习中的薄弱环节　164

为什么要找到学习中的薄弱环节？ 164

如何确定学习中的薄弱环节？ 167

三、制订专属提升方案　175

考试中常见的丢分原因及应对策略 175

给孩子制订专属提升方案 178

第六章　费曼学习法在阅读和写作中的应用　185

一、如何提升阅读能力　185

阅读书籍的选择 186
　　精读与泛读的选择 189
　　阅读方法的选择 191
　　有效提升阅读理解正确率的方法 195
二、作文素材积累 201
　　作文素材的主要来源 201
　　作文素材的成套积累法 205
　　如何将素材变成自己的文字 210
三、高分写作技巧 214
　　紧扣题目要求 214
　　重视标题金句 216
　　选好作文结构 216
　　巧用作文素材 218
　　做好精细修改 218
四、语文和英语的学习策略 220
　　语文的学习策略 220
　　英语的学习策略 224

第七章　费曼学习法在理科学习中的应用　227

一、数理化的学习逻辑 227
　　数学的学习逻辑 228

  物理的学习逻辑   232

  化学的学习逻辑   234

二、**数理化的预习重点与方法**   236

  数理化预习的目标与重点   236

  数理化四步预习法   238

三、**数理化的复习原则与方法**   240

  数学的复习原则与方法   241

  物理的复习原则与方法   242

  化学的复习原则与方法   244

四、**数理化的错题清错方法**   245

  数理化改错的原则   246

  数理化四步改错法   248

  错题本的建立   252

第八章 费曼学习法在史地政生学习中的应用 255

一、**小四门的学习逻辑**   255

  历史的学习逻辑   256

  地理的学习逻辑   257

  道德与法治（政治与法治、政治）的学习逻辑 257

  生物的学习逻辑   258

二、**小四门预习的重点和流程**   259

生物和地理预习的重点与流程　　259

　　历史和道德与法治（政治与法治、政治）预习的

　　　　重点与流程　　260

三、小四门的背诵技巧　　261

　　记忆的逻辑　　261

　　狮子记忆法　　262

　　联想记忆法　　263

　　时间轴记忆法　　264

　　思维导图记忆法　　266

　　图形记忆法　　268

　　朗读记忆法　　269

　　听读记忆法　　270

　　关键词记忆法　　271

四、小四门的日清与周清　　272

　　什么是日清和周清　　272

　　小四门日清的重点、方法与时间安排　　274

　　小四门周清的重点、方法与时间安排　　275

第一章

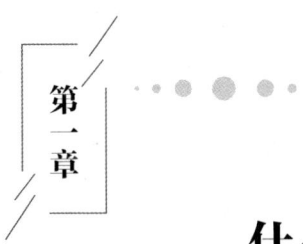

什么是费曼学习法

费曼学习法是世界公认很有效的学习方法之一,许多介绍学习方法的图书,几乎都少不了关于费曼学习法的介绍。不夸张地说,我们在学习中遇到的绝大部分问题,都可以用费曼学习法来解决。这也是我决定写这本书的主要原因。

一、什么是费曼学习法

费曼学习法,简单来说,就是用自己的语言把所学的知识通俗易懂地讲给别人听。重点在于知识的输出和运用,而不是只简单、机械地把知识往头脑中填压和堆积。

费曼是谁

理查德·菲利普斯·费曼,美籍犹太人,1918 年出生于美国纽约，被认为是继阿尔伯特·爱因斯坦之后，最睿智的物理学家，是量子电动力学创始人之一，也是第一位提出纳米概念的人。

据说费曼13岁时就已经学完了微积分，17岁高中毕业之后进入麻省理工学院学习，4年后进入了普林斯顿大学。

在普林斯顿大学期间，年仅24岁的费曼就加入了"曼哈顿计划"，参与到原子弹的研发工作当中。

之后费曼进入加州理工学院任教，授课期间因为他幽默诙谐、语言深入浅出、不拘一格的课堂风格，吸引了很多学生，所以他的课堂总是座无虚席。

1965年，47岁的费曼，因为在量子电动力学中的贡献获得诺贝尔物理学奖。

当被记者问道："你所做的工作值得一个诺贝尔奖吗？"

费曼说："我并不知道获得诺贝尔奖有什么意义，我已经得到了应有的奖励，那就是发现新事物的乐趣。我还能够看到别人在使用它，这对我来说才是真正重要的事情。所谓的荣誉，对我来说并不真实，意义也不大。"

正是因为凡事以兴趣为导向的学习和生活态度，费曼并没有把自己束缚在某一领域。他跟朋友学绘画，朋友本以为他只是学着玩玩，也有很多人觉得他是在浪费物理上的天赋、挥霍时间，可没想到，他的画作匿名也能卖出不菲的价格。他学习打鼓，也学到了能上台表演的程度。

也许你会觉得，费曼能有如此成就，一定是因为他天资聪慧、天赋异禀。但事实上，费曼的智商只是略高于平均水平。他在学术上的成就也好，在艺术上的成绩也罢，都得益于他的学习方法，让他可以在短时间内快速、深入地理解和掌握所学知识。这种方法就是接下来我要介绍的费曼学习法。

费曼学习法的产生

要说费曼学习法，就不得不提到费曼父母对费曼的教育。在费曼很小的时候，他的父亲就喜欢把他放在腿上，给他读《大英百科全书》。在共读时，费曼的父亲不只是简简单单地把书上的文字读给费曼听，还会把文字延伸出的数形知识、思考方式都融入进共读中。

费曼曾在采访中提到，他记得书中对于恐龙的描述是这样说的："这种动物约有 7.62 米高，它的头约有 1.83 米宽。"

对于一个孩子来说，他对数量、单位都没有概念。7.62 米是多高？1.83 米又有多宽？别说是孩子，就是对很多成年人来说，也无法立刻给出一个形象的表述。

而费曼的父亲则会停下来对他说："我们来看看这是什么意思。这是说如果它站在我们的院子里，它的高度，足以让它把头伸进二楼的窗户里，但它伸不进来，因为它的头有点太宽了。"幼小的费曼，立刻就能够形象、具体地感知到恐龙到底有多么庞大。

在费曼的人生里，父亲这种讲故事的方式，一直影响着他的学习和教书生涯。

费曼曾在巴西的一所大学做过一年的客座教授。任教期间他发现了一个奇怪的现象：当他教授一个新知识时，学生们可以在学习后立刻回答上来。但当下一次，他换个角度再问同样问题的时候，学生们却完全回答不出来。

还让费曼感到不解的是，他看到很多巴西的小学生会到书店购买物理书，这些孩子开始接触物理的时间，要远比美国孩子早。可是巴西却并无很多出色的物理学家。也就是说，巴西孩子们在物理学习上投入的时间与所取得的成就是不成正比的。

在寻找答案的过程中，费曼意识到这些现象产生的根本原因在于：巴西的很多孩子在学习时无论遇到什么问题，都不太喜欢向别人提问，而是选择死记硬背，认为理解不理解并不重要，能记下来就够了。至于知识本身讲的是什么，他们似乎并不关心。

后来，费曼去旁听其他老师的课程，发现那些老师也是如此，只懂得干巴巴地读着书上的概念，而学生们就坐在那里机械地记录着老师所讲的内容。

在学生们看来，他们只要牢牢记住书本所写和老师所讲的内容，就能顺利通过考试。似乎学习的目的，就只是为了在考试中答对题。

而在费曼看来，在这样的教学逻辑和学习方式下，学生们是学不到任何东西的。

费曼小的时候，有朋友问他知不知道一种鸟，费曼当时回答说自己不知道，还因此受到了朋友的嘲笑。

可事实上，费曼并不是不知道那种鸟的名字，而是他一直记得父亲告诉过他："知道了鸟的名字，并不能代表了解那种鸟。无论是什么事物，只知道名字毫无作用，不能说明你了解它。"

所以在费曼看来，只知道名字，就是在用一个名词解释另一个名词，这是没有意义的。

这就像他眼中巴西某些地方的教学方式，讲的人没有讲清说透，听的人自然无法听懂，当然也没有办法通过这样的教学方式更深入地理解知识。

再看费曼的教学，他总是能够将抽象的概念用生活中通俗易懂的例子表达，让即便是一个毫无学科基础的门外汉也能轻松理解。

也正因如此，学生们才特别喜欢上他的课，因为课程内容一点都不枯燥，更因为老师讲授的内容理解起来没有难度，知识可以很容易地被掌握。

后来学生们有样学样，也采用费曼讲解知识的方式来学习，实践证明应用费曼的方法后学习效率的确有了显著提高。

用的人多了，就开始有人去归纳总结其中的学习逻辑，从而提炼出了费曼学习法。

费曼学习法的应用案例

曾看到过这样一则新闻，一个没上过学的农民父亲，将儿女分别送入了清华大学和北京大学。

因为父母都没受过什么好的教育,所以直接教授孩子们知识、辅导学习是不可能的。再加上并不富裕的家庭条件,想要靠课外班提升孩子的成绩也不太可能。所以子女们如此优异的学习成绩,引起了很多人的关注。

很多人前来向这位父亲请教"育儿秘籍",无论面对亲戚朋友,还是来采访的记者,他都说:"我没读过什么书,不懂得要怎么教他们,所以我就让他们教我。方法也很简单,我只是每天让他们把在学校学到的知识讲给我听。"

两个孩子从上学起就是如此。每天回家后,都会用自己的语言,把当天所学教给父亲。如果遇到卡壳或者自己解释不通的地方,第二天上学就再去请教老师。回家再继续讲给父亲听,直到父亲能够听明白为止。

所以这对儿女的优异成绩,不是因为什么高学历的父母,也不是因为课外班和教辅资料的堆积,而是因为这位父亲无意中让孩子们用起了费曼学习法。

为了回家能给父亲讲清楚,上课就要更认真地去听、去理解,给父亲讲解之前,孩子们还会自己在心中演练,这就让孩子们在无形中按照更高的标准完成了整个学习的闭环。

那么,学习的方法在学习中到底有多重要呢?

我在咨询中遇到过这样一个女孩,小学时一直名列前茅,可到了初中成绩却一落千丈。

妈妈说孩子自己很要强,为了能够提升成绩,每天都很刻苦,晚上经常学到十一二点。一个学期下来,孩子苦没少吃,也累得不行,可成绩上却没有看到提升,搞得妈妈和孩子都很受打击。

在第一次沟通的时候,这位母亲说她现在对女儿的心疼,远远多过对成绩的追求。她不求孩子能有多明显的进步,只要我能帮孩子学得省力一点,哪怕只能维持现在的成绩也可以。

在对孩子成绩、试卷和学习状态进行观察分析后,我发现,她真的是很努力的孩子,但是却完全没有找到适合她的学习方法。

这个孩子在小学的时候是靠大量刷题提升成绩。到了初中还想用同样的方法,却发现突然不管用了。而这时候,妈妈和孩子都没有从学习的逻辑上寻找问题,只是简单地将问题归结为"题刷得还不够多"。

因为孩子对很多基础的知识和概念并不理解,所以不管做了多少题,改过多少次错,都只是记住了改过、做过的题目,换个花样儿、换个问法,就蒙了。

了解到这些后,我建议孩子妈妈首先要做的就是减少孩子做题的量,每天一定要腾出时间,帮孩子巩固基础知识。也不需要多复杂的流程,就是每天放学回来,让孩子讲讲当天学了什么,不懂的地方,请妈妈陪她一起看看,然后让孩子尝试自己独立表述出来。第二个学期,刚到期中,我就收到了这位母亲报喜的消息。

学习这件事真的没有多复杂，只要找对方法，每个孩子都能快速提升。而在众多的学习方法中，费曼学习法是最简单易学，并且容易看到成果的那个。

就连畅销书《如何高效学习》的作者斯科特·扬，用一年学完麻省理工计算机系大学四年的内容，用的也是费曼学习法的原理。

二、费曼学习法的底层逻辑

费曼学习法简单到只有两件事，一是学习，二是解释。我们都知道，学会、听懂和会用是完全不同的事情。当孩子们可以真正理解所学的知识，并能将输入转化为输出时，才是真正的学会了。

教是最好的学

如果只能用一句话，向别人介绍费曼学习法，我会说：就是用自己的语言，把一件事讲清楚，让外行人也能听得懂。而且在这个讲述的过程中，最大的受益者，就是我们自己。

我上学的时候，还不知道什么是费曼学习法，但我发现一个有意思的现象。每次同学拿着不会的题目来找我求助，我在给对方讲完题之后，好像都会对题目和相关知识点有一些更深的理解。所以，我一直都特别喜欢帮别人解答问题，通过这种方式来促进自己的学习。

在读《别逗了，费曼先生》时，我发现他也有类似的经历。费曼读书的时候，是学校里有名的"解决问题专家"，同学们有什么难题都爱找他求助。虽然他也经常会被问题难住，但仍乐在其中。

后来，我了解到了"学习金字塔"，才知道原来学习也分为被动学习和主动学习，不同的学习方式，所学内容的留存率也是不同的。具体如图1.1所示。

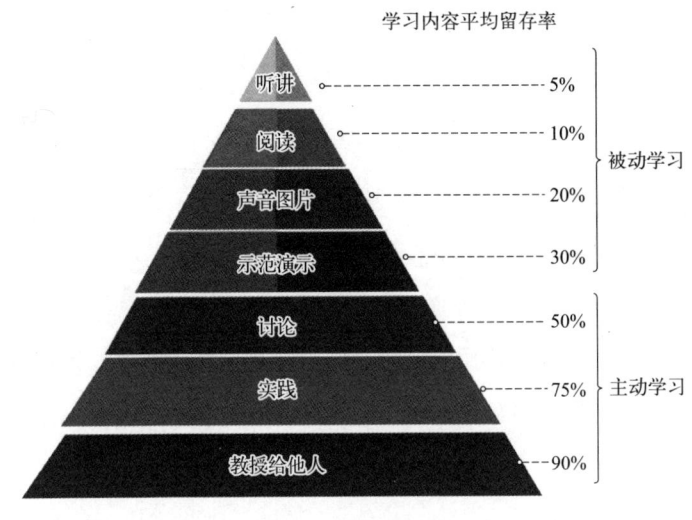

图1.1 学习金字塔

在众多的学习方式中，纯输入性的听讲、阅读、声音图片、示范演示属于被动学习，采用这几种方式进行学习，学习内容的平均留存率虽会依次增加，但最多不会超过30%。

对学生来说，如果只是简单地上课听讲，学习内容的平均留存率只能有5%，听得再多，效果也不会好到哪里去。所以，对于中小学生来说，如果想要只通过课外班的堆积来提升成绩，效果是非常有限的。

如果只是通过阅读文字进行学习，学习内容的平均留存率只有10%；声音和图片虽然能够帮助提升记忆的效果，但内容平均留存率也只有20%。想要让所学内容真正留存下来，只有输入是远远不够的，必须配合练习、讨论、实践等输出行动。

讨论、实践、教授给他人等学习方式，既是输出，又属于主动学习。从学习内容的平均留存率来看，讨论的平均留存率有50%，实践的平均留存率有75%。其中平均留存率最高的就是教授给他人，可以达到90%。数据再次印证了我们常说的——教是最好的学。

无论什么内容，我们在想要输出之前，自己都会在脑子里过一遍，先把逻辑捋顺，把那些想不通、讲不明白的地方弄清楚，这个过程对知识学习来说，是梳理，也是巩固与复习，对知识的理解自然会更深入。

费曼学习法就是通过这种以教促学的方式，倒逼自己有意识地去输入和输出的学习方法。这也是为什么应用费曼学习法可以有效地提高学习内容的留存率，进而提升学习效果。

我在咨询时，经常会把这种学习方法教给孩子。比如在学习一道数学难题的解题方法时，我要求孩子不能只是简单地背下老师给的解题步骤，而是要能够对照老师给出的答案，一步一步地去说清楚老师是怎么思考的，这一步为什么要这样写。

自己平时练习时也是一样，如果遇到解不出的难题，先尽力去写，能写到哪一步，就写到哪一步，然后对照参考答案进行学习。学习时要和听过老师讲解一样，能够对照参考答案，逐步说清解题的思路是什么，答案里这样解答的逻辑是什么，以及题目背后对应的知识点又是什么。这样才能够真正实现做一道题就有一道题的收获。

化整为零

孩子在学习一个学科、一个章节的时候，里面所包含的知识点可能有十几个，甚至是几十个。

你问孩子这个学科、这个章节讲了什么，很有可能会得到两种结果。一是孩子明确地告诉你，这个问题太大了，很难概括清楚；二是讲得过于笼统、太概括了，根本没有办法涉及其中的详细知识点，虽然能够说清总体上它讲了什么，但对具体知识的解释和掌握是经不起推敲的。

我在咨询的时候，就经常听到孩子抱怨说，学习的时候章节里那些大的知识点都能明白，可是老师总是会用一些小的知识点出题，让人防不胜防。

学习的时候,很多孩子都将注意力都放在了知识的大面上,细节部分总是学得模棱两可,这种学习方式反映到卷子上,就是漏洞百出。

面对这样的问题,最简单、省时的方法,就是把书上那些概念、公式、定理都默写下来,在默写的过程中,那些记不准的点,就会暴露出来。而更高级的方法是应用费曼学习法,帮助自己进行梳理和巩固。

可以想象一下,用费曼学习法向别人讲述所学知识时应该怎么做,要让外行人也能够听懂我们讲的是什么,我们就要把一个整体的知识框架,拆分成一个又一个细小的知识点,然后再逐个讲清说透。

如果只是讲总体的内容,很容易出现一种情况,就是用名词解释名词,也就是用总体内容中包含的小知识点来解释总体。比如,你要向别人介绍函数学了什么,会说学了一次函数、二次函数、指数函数等。这样从理论上看没什么问题,可对于对函数完全没有概念的人来说,听完后会是一头雾水。

查漏补缺

在做咨询的过程中,我经常能听到孩子们开玩笑说,自己学习的状态就是"一听就懂,一看就会,一做就废"。

听老师讲的时候,觉得知识点自己都明白。翻阅解析的时候也是,一看就知道解题思路是什么。可是一到了自己做题,就完全摸不着头绪。

所以,我经常会跟家长和孩子说,在理科类的学习上听懂、看懂和会做之间有一道鸿沟,在文科类的学习上会背、会默写和会灵活运用知识回答问题之间也有一道鸿沟。

真正想要跨过这道鸿沟,就需要孩子可以在输出、应用的过程中查找自己学习上存在的漏洞和盲区,然后逐一学懂弄透,才能灵活运用,也才能够最终体现为成绩的提升。其实这个道理老祖宗早就告诉过我们。

《礼记·学记》中有言:"学然后知不足,教然后知困。知不足,然后能自反也;知困,然后能自强也。故曰:教学相长也。"意思是说,在知识学习的过程中,只有教给别人之后,才能知道自己有哪些地方还不够了解。知道了哪里还不够了解,才能够有针对性、有重点地进行学习和提升。

费曼学习法中"解释"的部分,就是以输出为手段,倒逼自己重新审视所学知识,梳理知识链条,找到自己在学习中的漏洞,然后补足。

三、费曼学习法的操作步骤

你将一套英语阅读理解的答题思路,应用到数学的解题过程中,是不管用的。可你看那些学霸们,他们绝不只是某一个科目,或者某几个科目学得好,而是基本科科都很好。当你深入了解后就会发现，他们之所以能够科科都好，大多都不是因为背下了科目的解题模板、答题思路，而是因为他们掌握了学习的底层逻辑。

费曼学习法不是某一种解题模板、答题思路，而是一种学习的底层逻辑、内功心法，可以应用到各个学科、各类知识的学习当中。学会费曼学习法，你也可以拥有学霸们的思维方式，应用学霸们的学习逻辑，攻克学习中一个又一个难关。

明确学习目标

经常会有家长问我："孩子学习中等，要怎么帮他提升成绩？"

这种提问方式，看上去没什么问题，可实际上，别人却很难根据问题给出一个准确的回答。

因为这个问题太笼统了。"学习中等"是个有点泛泛的概念，什么样算中等？具体的表现又是什么？是偏科严重，还是每科成绩都平平？如果是偏科，哪科比较弱，又弱在哪里？

就像我们去医院看病，面对医生不能只说我不舒服，还要能够描述具体的症状，然后医生才能知道具体要帮我们解决什么问题。

"提升成绩"也是同样的，要提升哪一个学科、哪一个模块的成绩？只有提问者提出的问题足够具体，别人才能够有针对性地给出精准的解决方案。

而一般情况下，问题不具体的主要原因在于：目标不够明确。

学习也好，做事也好，在开始之前，我们一定要明确我们的目标是什么，然后才能以目标为导向，做出更为具体且能落地的执行计划。

在开始使用费曼学习法之前，可以先拿出一张白纸，在上面写下你想要学习的主题。这里有两点需要注意。

一是光看不行，一定要写出来，如果可以，最好能用自己的语言表达出来，而不是简单地堆叠概念和专业术语。在写的过程中，就能体会到看懂和能清楚表达之间的差距。

二是目标的设定不能过于泛泛，可以应用SMART原则，辅助我们进一步明确目标。具体来说包含以下五个方面。

1. 具体的（Specific）

具体的就是指目标要足够明确，不能过于笼统，不然孩子看到的时候会是一脸蒙，不知道到底要做什么。

就像我们前面所举的例子，提升成绩可以是我们追求的一个结果，但并不能算是一个具体的目标。

① 怎么样确定成绩的提升？是只要分数有提高就可以，还是年级的排名要有进步？

② 提升成绩具体的目标是要提升哪一科的成绩？是每科都要有进步，还是只要总分有提升就行，其他都不重要？

如果这些问题都没有明确的答案，那么目标的设定就是有问题的。

2. 可以衡量的（Measurable）

可以衡量的是说，学习的效果是可以评判的，学习任务完成后可以检验具体的学习效果。

还用前面的"提升成绩"为例，何为可衡量，就是如果是要求分数的提升，具体想要提升多少分？如果是追求排名的进步，需要具体进步多少名？

当然，可以衡量不一定是必须能够量化的值，有明确的评判标准也是可以的。

比如小明把目标设定为学好语文。这个"学好"的概念就不够清晰，必须要先明确如何衡量学得好与不好。

可以是考试时语文成绩的提升，也可以是语文成绩在班级、学年排名的进步，还可以是能够读懂原版四大名著，能够流畅地写完一篇作文。

目标的达成能够被观察、被检验，就说明这个目标是可以衡量的。

3. 可实现的（Attainable）

可实现的是指目标不能过高，要符合孩子的实际，否则还没开始做就已经被任务吓跑了。

比如你对一个目前排名年级倒数的孩子说，我们下次考试要进入年级前十。从长远看，提升成绩，进入年级前十，只要规划合理，孩子愿意努力配合，是可以实现的。但要求下次考试就有如此明显的提升，显然是不现实的。

对一个每次语文测验都只能勉强及格的孩子来说，说明他总体水平大概就在及格线。只要肯下功夫，成绩是能够提升的，但需要时间的积累。不可能说我今天学了，明天就能从60分变成100分。

所以设定目标时，对于一个语文成绩60分上下的孩子来说，你可以要求他下次努力达到65分、70分，这是他下功夫、伸伸手，可能能够到的一个分数。但如果你说，下次考试要达到90分，这个难度就大了。

对孩子来说，一个怎么努力都无法在短期内实现的过高目标，会让他们在还没开始前就想放弃。

所以，设定目标时，要选择那些孩子努努力就能够到的地方，让孩子能看到积极的反馈，后面做起来才会更有动力，信心也会更足。

4. 相关的（Relevant）

相关的是说，具体目标的设定要能够为大目标服务，设定的多个目标之间要有关联性。

咱们还以学习为例来解释。比如小明语文成绩总是不理想，原因是每次考试文言文丢分都很严重。所以，小明急需提升语文文言文的阅读理解能力，他给自己制定的目标是每周读一本世界名著。

读世界名著本不是什么坏事，也有助于小明提升阅读理解能力，还能帮他积累作文素材。可是读世界名著和提升文言文阅读理解能力又有多大关系呢？即便读完了所有的名著，也很难对文言文的阅读理解有什么帮助吧。

很明显，世界名著和文言文之间并没有什么相关性，所以这个目标的制定就是失败的。

5. 有时限的 (Time-bound)

有时限的是说，在目标设定时要能够明确什么时间实现什么目标，这是不会拖延的重要保证。也就是我们常说的那句"deadline（截止时间）是第一生产力"。

咱们就继续说小明吧。经过老师的指点，他意识到读世界名著对文言文提升没什么帮助，从优先提高应试成绩的角度出发，他决定背诵120个文言文诗词。

这次他的具体目标和提升文言文成绩的大目标关联性是有了，可他没有计划要什么时候开始背，又要用多长时间背完。

结果就是，在实际执行的过程中，变成：今天作业多，明天再开始吧；明天到家又觉得太累了，还是再推后一天吧……就这样明日复明日，一个学期过去了，小明还没迈出背诵文言文诗词的第一步，文言文的成绩也还停留在之前的水平。

说了这么多，一个合理的目标设定到底应是什么样的？

举例来说，如果我们想要提升阶段性数学学习的效果，我们的目标设定可以是：今天用1个小时的时间，预习二元一次方程，预习后完成课后的练习，且正确率达到80%以上。

如果我们像小明一样想要提升文言文的阅读理解能力，从应试的角度可以去记背文言文实词和虚词，从能力提升的角度可以去阅读《古文观止》《世说新语》。

具体的目标设定可以是：从今天开始用60天的时间，要完成120个文言文实词的背诵，每天背2个，要能把对应的意思记背完整，再找一本教辅书辅助练习，帮助巩固当天记背的内容；从今天开始，每天花30分钟的时间进行早读，出声朗读《古文观止》。

你看上面的两个例子，目标就非常明确，无论是谁，看到目标就知道自己要做什么，要什么时候做以及要做到什么程度。

输出检验

在学习的过程中，只是听懂、看懂是远远不够的，为了避免"一听就懂，一做就废"的情况出现，在完成知识的学习后，适当的输出检验是必不可少的。

但不是每个父母都能有足够的时间和精力陪着孩子，让孩子把所学知识再讲一遍。但我们可以通过选择合适的练习，让孩子在练习的过程中完成检验。

这里需要注意的是，不必盲目追求练习的数量，而是应该追求练习的质量。如果只做学校留的作业，就能满足练习和检验的需求，我们就可以不再额外增加新的练习。

我在咨询中就遇到过这样的孩子。孩子妈妈找到我说，孩子的成绩还不错，但就是不怎么用功，学校作业很少，孩子就只是完成校内作业，从来不做什么课外练习。孩子妈妈总觉得孩子不够努力，要是能再多努力一些，成绩应该会更好。

所以她希望我能帮她跟孩子聊聊，让孩子意识到成绩的重要性，在分数和名次上能对自己有更高的要求。

结合孩子妈妈的介绍和孩子的学科成绩，我初步判断，孩子的听课效率很高，也一定有一套很适合自己的学习方法，不然不会在练习量很少的情况下，还能有这么好的成绩。

实际沟通时我惊喜地发现，孩子有一个特别好的学习习惯，每次写作业时，他都会把自己当作老师，把答题思路和涉及的知识点，认真地给自己讲一遍。遇到卡壳的地方，他还会像老师一样帮自己去进行分析，看自己的解题思路有什么问题，卡在了哪里？为什么会卡住？然后再把没弄懂的地方认真学一遍。

你看，这不就是费曼学习法的应用吗？

这个孩子根本不像他妈妈说的，对学习完全没要求。至于考试的时候还会丢分，有很大一部分原因是：孩子见的题目太少了。

虽然他能够做到搞懂所有见过的题目，但因为只完成了校内作业，所以见别的题型偏少。

在帮孩子做了历次试卷的分析后，我根据他的情况帮他选定了一套习题。因为对他来说，目前学习上唯一的问题是：见的题型太少，虽然孩子的学习习惯很好，但因为没有足够的练习做检验，所以每到考试时总会暴露出一些漏洞。

在增加习题后的第一次月考，这个孩子就交出了一份让家长和自己都非常满意的成绩单。

发现学习中的薄弱环节

对绝大多数孩子来说，在上面这一步的输出或练习中，一定会遇到拿不准的知识点或者做错的题目，这时就该意识到，这部分内容就是孩子学习中的薄弱点。这个意识对孩子的学习是非常重要的，因为这意味着我们可以通过分析，找到孩子学习中存在的问题并解决它。

有的孩子是因为听课效率不够高，所以知识点的理解和掌握还不到位。那我们就可以帮孩子增加预习的环节，来提升听课效率。

有的孩子是因为不会建立知识点和题目间的关联，这种情况，就可以让孩子多见题目，多分析、多思考如何将知识点和具体的问题相对应。

有的孩子是因为缺少复习环节，虽然课堂上听懂了，但很快就忘了或者记忆模糊了。这种情况，我们就帮助孩子建立课后复习的习惯。

有的孩子是因为不擅长时间管理，想做的事情很多，但可用的时间很少，哪个都想照顾到，可最后的结果却是哪个都没有做好。面对这种情况，我会让孩子做减法，先从最急需提升的科目和项目入手，将精力集中在 1～2 个项目上。

有的孩子是不懂得如何改错，最明显的表现就是错过的题目一错再错。虽然正确的答案也都认认真真地抄写在了错题本上，可再次遇到依然会犯同样的错误。

产生这个现象的主要原因在于：没有真正搞清楚题目为什么会做错，是知识点的漏洞没有补上，还是对解题思路压根儿就没理解。面对这种情况，就需要孩子在每次改错时，都能认真分析出错的原因，然后有针对性地进行改正。把注意力从刷题的数量，转移到做题的质量。

总之，在完成第二步的检验后，一定要注意分析问题的原因，之后我们才能根据孩子的情况对症下药，有针对性地进行提升。

回顾精简

在完成前面三个环节后，为了让自己对知识点的讲述可以通俗易懂，必须反复对知识进行回顾，并尽量在回顾的过程中不断地简化和吸收，直到这些知识能够内化为自己的知识体系，能够真正为自己所用。

练习也好，给别人讲解也好，学习中所有输出的最终目标，都是为了可以让知识真正内化，只有做到这一点，我们才能确定是真的掌握了。

到这里，我们就说完了费曼学习法的整体应用流程。方法很有效，但一点也不神秘、不复杂。在实际应用的过程中，我们重点是要理解这个方法的底层逻辑，而不是苛求自己每一步都要做到完美。

学习的初期可以按照规范流程执行，在执行的过程中，要能够根据自己的情况进行调整和改变，灵活应对。我们学习任何学习方法的目的都是让方法服务学习，而是不让学习被方法局限。

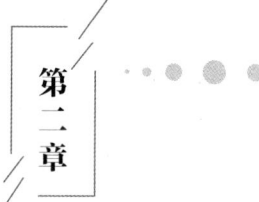

第二章 为什么要学费曼学习法

费曼认为，好的学习方法能够让一个人拥有宏大的视野和对世界准确的理解力。学习从来就不是知识存储量的较量，也不是学位高低的竞争，而是思维方式的比拼。找到一套科学、有效且适合自己的学习方法，是提升学习能力的重要前提。

就像巴菲特的合作伙伴查理·芒格所说："只有学会了学习的方法，才能进步。"对于以学习为"主业"的学生们来说，更要掌握科学有效的学习方法，为自己的学习助力。

一、费曼学习法的优势

简单来说，费曼学习法可以激发我们的学习动力，在应用和实践的过程中提升我们的记忆效率，并在反复输出与简化的过程中促进知识内化，把看到的、听到的，真正转化成拿来就能应用的

激发学习动力

学习中最难解决的问题不是孩子成绩不好,而是孩子缺乏学习的动力。成绩不好,只要找到原因对症下药,很快就能看到进步。但如果孩子没有学习动力,不管多么科学有效的学习规划,都很难推行下去。

关于学习动力,人类学家约翰·德玛托认为,孩子之所以努力学习,是因为他们看到了学习带来的两种价值。

第一种价值是只有好好学习才能让父母高兴,也就是我们常说的那句"学习使我妈快乐,我妈快乐全家快乐"。又或者是学习好才能上好大学,找个好工作,有份高收入。这两个原因都是学习带来的外在价值,和学习本身没有多大关系。

第二种价值来自学习本身,比如孩子希望通过学习得到他人的认可,希望通过学习找到自我价值、获得成就感,从学习中感受到快乐,这是学习的内在价值。

在现实中,对大多数父母来说,让孩子学习的原因是内在价值还是外在价值他们并不关心,觉得只要孩子能学习就是好的。

然而,大量的研究表明,只有被内在价值驱动时,学习的效果才会更好,学习的可持续性才会更强。也就是说,只有当孩子找到内在价值的驱动力的时候,才会发自内心地更努力、更专注地学习。

还记得我们上一章提到的费曼的父亲给费曼讲的关于恐龙的故事吗?这位父亲不只是给出了数量上的概念,还比对着楼房的高度和窗户的大小，解释了恐龙的身高和头宽。

当孩子可以将生活中的现象与理论知识相关联的时候，自然会更容易感受到学习的乐趣，也更容易激发出对学习的兴趣。而费曼学习法就是帮助孩子建立这一联系的实用方法。

费曼在上中学的时候，特别喜欢向自己提出问题并总结自己的学习成果。即便是很多孩子都觉得"无聊"的数学，他都能做到无论学什么，都要去找一些生活中的实际例子，来说明它的用处。

他曾提出过一个直角三角形的问题：题目的条件不告诉三角形的两条边的具体长度，只给出它们长度上的差值，然后让求第三条边的长度。

费曼说，这个问题对应到生活，有一个典型的例子：一根绳子从旗杆顶端垂下来，当你把绳子拽紧到旗杆最底部的时候，它比旗杆长出 1 米；而当你把绳子向外斜拉的时候，它离旗杆根的距离有 1.5 米。问旗杆有多高？

费曼就是在对这个例子的观察和研究中，学会了三角形的相关概念。而他的一些解题方法甚至比书上的标准方法更为出人意料。

也正是出于对科学的热爱，费曼才能在那些别人看来"枯燥"的学术研究中，不断找到乐趣，并推动着自己取得更大的成就。

甚至在获得诺贝尔奖后，接受采访时，他依然表示在他看来诺贝尔奖并不是他追求的目标，他追求的是研究本身带来的乐趣。

提升记忆效率

经常会有家长问我说:"我们家孩子背单词总是背了就忘,有什么好办法吗?""我们家孩子背东西很快,可是忘得也快,该怎么办?"

每个人都希望自己拥有过目不忘的能力,可事实却是,学过的东西如果不去复习,考试之前能够清楚记得的就所剩无几。

近些年,随着脑科学的发展,我们了解到了大脑中掌握记忆的两个重要区域——海马体和杏仁核,如图 2.1 所示。

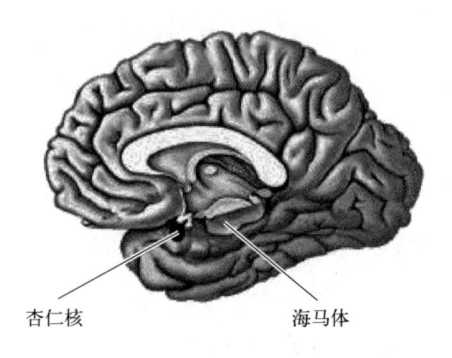

图 2.1 海马体与杏仁核

我们每天都会接触到海量的信息,有科学家推测说,如果我们想要记住接触到的所有信息,并把这些信息都变成长期记忆,那么用不了一个小时,我们的大脑就会因为信息量过载而"宕机"。

那么,我们要如何判断哪些信息是更需要被大脑记忆下来的呢?

这就要说到我们的海马体和杏仁核了。

正如我们在图 2.1 中看到的，海马体因为形似海马而得名。那些我们很小的时候背过的诗句，在多年后还能够流利背出，就是海马体运作的结果。

海马体就像一个审核员，守在短期记忆与长期记忆之间，决定着哪些信息可以从短期记忆转为长期记忆。所以想要背过不会忘，就要懂得欺骗海马体，让它觉得"这个信息必须要转成长期记忆"。

杏仁核因为长得像一颗小"杏仁"而得名，它与我们的情绪、学习、记忆有关。比如我们常说的"一朝被蛇咬，十年怕井绳"，就是因为被蛇咬的强烈恐惧激发了杏仁核，从而留下了长期记忆，导致终生难忘。

从海马体和杏仁核的工作原理我们可以看出，大脑更容易记住那些对我们来说更重要的事情，比如短期内反复出现的事情，会不断提醒着海马体"我很重要"；或者是能够激发我们恐惧、开心、激动、悲伤等情绪，让海马体误以为信息与生存有关；又或者是在我们生活中经常输出使用，频繁被用到的信息。具体如图 2.2 所示。

```
                    ┌─ 反复出现 ── 短时间内多次重复
                    │
大脑更容易记住的信息 ─┼─ 与生存有关 ── 让大脑意识到信息的重要性
                    │
                    └─ 经常输出使用 ── 大脑是"输出依赖型"的，
                                       想要记得牢，就要去用
```

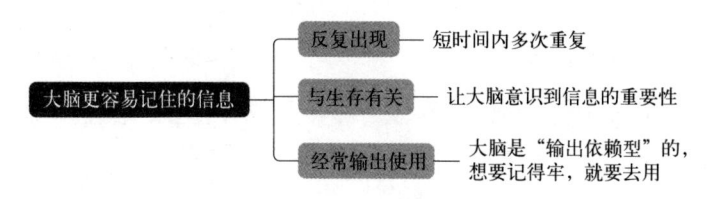

图 2.2 大脑更容易记住的信息

1. 反复出现

当一个信息短时间内反复出现的时候，大脑就会立刻变得警觉，提示自己说："这个东西为什么会在短时间内频繁出现？它一定很重要，我要记住它！"在我们应用费曼学习法的最后一步反复回顾的时候，所学知识就会不断地在我们头脑中被重复和演练，从而被大脑识别为：重要的信息。

2. 与生存有关

当一个信息与生存有关时，我们自然会意识到它的重要性。比如，对一个患有心脏病的人来说，当他听到心脏病的急救方法、缓解方法时，一定会比听到胃炎治疗方法的记忆要更深刻，因为前者与他的健康和生存直接相关。所以，当我们在学习和向别人讲述的时候，就可以有意识地思考所学内容与生存之间的关系，进而提升记忆的留存率。

3. 经常输出使用

在研究大脑记忆的时候，还有一点需要注意的是，我们的大脑更重视的是输出而不是输入，大脑属于"输出依赖型"。

我们可以试着从大脑的角度来分析一下这个问题。一名美国人每天从电子邮件、互联网、电视和其他媒体获取大约 10.05 万个单词的信息量，相当于大脑每秒接触 23 个单词，包含了 34G 的信息。

而我们一天接收的信息量仅前两项就有 128400 个字，比很多美国人接收的更多，尤其是沉溺电子产品的年轻人，一天接收的信息可能堆满一个普通电脑的硬盘。

如此多的信息涌入大脑，人脑是不可能把所有信息一一记住的，所以大脑会从中选出更需要被记住的那些。重复的次数、与生存的相关性，都是大脑判断信息重要性的标准。

除此之外还有一点，就是当信息短时间内被反复调用的时候，大脑会更容易将这一信息判定为：是"重要的"。

也就是说，在每天输入的大量信息中，那些能够被我们用到、被我们拿来输出的信息，才是更容易被记住的。

你看，让大脑认定信息重要性的这三点，不正是费曼学习法"将所学知识用通俗易懂的语言表述"的过程中必不可少的吗？

促进知识内化

在学习中，很多孩子都有过这样的经历，听课听得很明白，做作业的时候正确率也很高，可是一到了期中、期末考试成绩就不理想。

我在咨询中就遇到过不止一个这样的孩子，父母总是把原因简单地归结为孩子考试时不认真，又或者是太紧张。

然后在平时孩子做作业、做练习时，帮助创造环境，模拟考试的状态。以为练得多了，孩子适应了就好了。可是再次考试时才发现，收效甚微。

我在跟孩子沟通后发现，其实大多孩子根本不是态度或心态的问题，而是根本没有真正掌握知识。当孩子做作业、做练习的时候，一般都是以课时和单元为单位进行练习。

而一个课时、一个单元的知识点就那么多，孩子很容易就能将题目与知识点相关联。但这种关联，并不是因为孩子真的理解了知识点，他们只是清楚地知道了这一节、这一单元有哪些知识点可供选择。

而期中、期末考试与平时的练习不同，考查的内容综合性更强，不仅需要孩子熟练地记忆知识点，更要求孩子可以真正地理解和掌握知识点。能够在不同章节的知识点间建立连接，可以综合运用所学知识来解决问题。

这种可以综合运用知识的能力，就是能够把所学知识内化，并能将不同章节，甚至不同学科的知识融会贯通的能力，也就是我们平时说的消化吸收。

我们在运用费曼学习法的时候，需要在理解知识的基础上，建立知识与知识、知识与整体，以及知识与实际生活之间的联系。才能做到把一个原本陌生的知识，转化成通俗易懂的语言，让一个外行人都能听得懂。这样的理解、关联、输出的过程，本身就是知识内化的过程。

而在我们向他人讲述的过程中，他人的提问与反馈，也能带着我们再次审视知识，进一步加深我们对知识的理解和内化。

费曼在上学的时候就是一个解决问题的高手。他自己回忆说，同学遇到难题都很喜欢找他求助，一般情况下，同类的问题大概会有五六个人来问他如何求解。

只有在第一个人问他的时候，他需要花略长一点的时间来思考答案，等后面的人再来问他时，他对这个问题已经很熟悉了。所以，在帮助他人解决问题的同时，自己对问题的思考会更加深入、理解也会更加透彻。

二、费曼学习法可以解决哪些学习中的痛点

在日常的咨询中，我经常听到妈妈们跟我抱怨说，孩子学习总是抓不住重点，怎么看都觉得是在做无用功；知识没少记背，可一到做题就发蒙；平时看着很努力，但成绩就是不见提升。这些问题的出现，就是因为没有真正解决学习中的痛点问题。

学习没重点

很多时候在孩子学习时特别容易出现一种误区：哪个科目都想照顾到，哪个点都想弄明白，具体表现就是眉毛胡子一把抓，根本找不到重点。

抓不住重点的根本原因，在于不知道重点是什么。再往前推一步就会发现，不知道重点的原因，在于缺乏一个清晰明确的目标。

比如孩子们在学习的时候，往往不知道这一章节的设定是为了什么，不知道自己为什么要学，不知道从学科的角度来看某个知识点、某个章节的意义，更不可能知道出题人会如何去设置题

目进行考查。

我在咨询时见过一对特别有意思的母子，儿子总跟妈妈抱怨说数学没意思，学好了也没用，在生活中根本用不到。

妈妈毫不客气地回怼说："那是因为你的生活不够高级。"转身就给孩子报了一个学习投资的课程。孩子好胜心强，为了证明妈妈说的是错的，铆足了劲儿去学习。

可是在学习的过程中发现，要做估值、做数据分析，自己那点儿数学知识，哪里是用不上，而是压根儿就不够用。就这样在"学好投资"这一目标的驱动下，孩子找到了数学学习的重点和动力。

从上一章关于费曼学习法的介绍不难看出，费曼学习法非常重视学习目标的设定，无论要学的是什么内容，在开始学习时，我们都要明确自己要做的是什么，好处是这样一来我们更容易看清学习的方向，然后在需要的方向上集中精力、重点突破。

比如孩子们在中小学阶段，学习的目标除了知识的掌握和运用外，还有一个看上去更为"功利"的目的，那就是成绩的提升。

学习时，当孩子们以成绩提升为目标，就会在学习时更用心地去分析，哪些内容是更容易成为考题的，不同章节的知识点间是如何关联运用的。看到错题时，也会更清楚地知道，这是自己需要着重理解和提升的部分。

学了不会用

我接触的很多学生，都会因为小四门的学习头疼不已，尤其是历史和道德与法治（政治与法治、政治），有些地区的小四门是指历史、地理、生物、化学，本书讲解以史地政生为主。孩子们普遍反映说，上课都能听得懂，平时记背知识点也花了很多心思和精力。你问他知识点，他都能对答如流，可一到要做简答题，总是不知道要如何把书上的知识点和灵活的题目对应起来。好一点的情况是答题点写不全，差一点的情况是压根儿不知道要写什么。

比如，在我儿子的一次道德与法治（不同地区课程名称会有所不同，政治与法治、政治皆指这门课）考试中，老师出了一道有关班级管理的题目，让孩子们运用所学知识对案例中的观点进行点评。这道题让班级里95%的孩子都丢了分，因为他们只完成了对观点的点评，没有联系任何相关的知识点。

可当你说出知识点的名字，问孩子这个知识点讲的是什么的时候，每个孩子都能一字不差地背出来。

这样学习呈现出的结果就是：在学生眼里题目是题目，知识是知识。因为不懂得如何把知识点与题目相关联，同样的题目无论放在道德与法治（政治与法治、政治）的试卷上还是历史试卷上，他们的答案都没有什么差别，分数自然也都得不全。

之所以会出现这种情况，就是因为孩子们把知识学"死"了。在学习的过程中只注重知识点的记背，没有想过用所学知识点解释生活中的现象。

针对这种情况，就可以在日常学习中多用提问的方式引导孩子思考，把书本上的内容与生活相关联。也可以直接用多见题目的方式倒逼孩子去做关联。这些方法的底层逻辑，都是"用通俗易懂的语言向他人讲述所学"，也就是费曼学习法的核心。

拒绝假努力

学习如果只有输入没有输出，那么学习的效果是很难判定的。比如，当你把任务设定为读 20 页书，读是读过了，但理解了多少、记下了多少，这些都是头脑内部发生的变化，自己无法准确说出，别人也没有办法判断。

往往大半天下来，孩子一本书看完了，也觉得这书写得不错，其中的故事特别精彩。可当被问到，书中具体讲了什么，有哪些可以被应用到自己的作文时，却是一头雾水。

这也是为什么经常会有孩子平时书没少读，学习也很努力，但阅读能力没提升，写作能力也不见长，考试的时候阅读理解和作文的成绩依然惨淡的主要原因。

其实不只是语文的阅读，数学、物理、化学各个学科都是如此，不管听了多少课、看了多少书，如果都只是一味地简单输入结果，就是孩子看上去很努力、很辛苦，但没有相应的输出与应用，知识就只会是一堆文字和概念，既不能转化成技能，也无法变成卷面上的分数。

在这一点上，费曼学习法中输出的环节，可以很好地避免这种知识无法检测的情况。

孩子读过一本书后，父母可以在一家人坐下闲聊时问问，这本书里讲了什么，有哪些是让孩子有所触动的点。还可以进一步问问，有没有哪些故事或金句是可以应用到自己的作文当中的。

完成一节数学课程的预习或学习后，可以找来对应的课后练习让孩子做一做，从正确率来看孩子的掌握情况，用具体题目来掌握孩子知识点的学习情况。

这里要注意的是，我们关注习题的正确率，不是为了评判学习的好坏，而是要找到学习中的薄弱点，然后有针对性地进行提升。

学习之后有输出，让学习成果都能够被看见，才能有效避免书读了一本又一本，课听了一节又一节，看上去很努力，学得也确实很疲惫，但到头来没有获得成绩提升的情况。

三、费曼学习法在学习中的应用

对孩子们来说，学习无非就是做好"课前预习—课上听讲—课后复习—认真完成作业"的学习闭环，如图 2.3 所示。整个闭环高效完成，才能最终看到学习成绩的提升。那么，我们要如何在整个闭环当中应用费曼学习法呢？

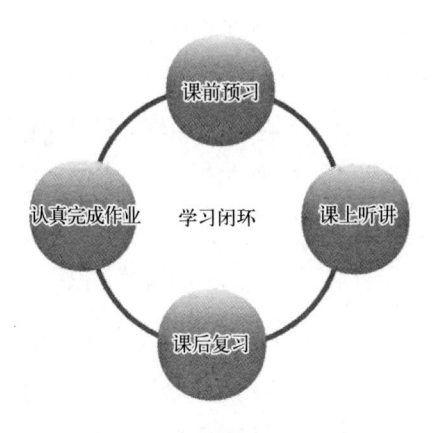

图2.3 学习闭环

提升预习效率

我在做学期陪伴的时候，遇到过一个各科成绩都刚刚及格的初一学生。孩子妈妈告诉我，孩子每天单是写作业就要写到晚上 12 点，早上 6 点又要爬起来准备上学。别说加练习做提升了，每天觉都睡不够。

在遇到我之前，她尝试过每天在写作业之前，先带着孩子复习当天所学。单看写作业的速度是快了很多，但复习用时特别长，跟再学一遍也没有多大的差别。这样一来，每天学习的总用时比之前更长了，孩子更加疲惫不堪，成绩上却没有太大起色。

再后来听了我的课，知道了孩子这种情况是要从预习着手进行改善。孩子妈妈就利用周末时间，让孩子先把下周要学的内容做个预习。孩子非常听话，认认真真地把书看了一遍，可听课效果、作业效率还是没有太明显的变化。孩子妈妈这才坐不住了，火急火燎地跑来找我。

过往的咨询经验告诉我，课前预习和上课后复习，对提升课后作业完成效率是非常有效的，十个孩子里九个都能看到明显提升。如果看不到效果，一定是具体操作中出现了问题。

为了帮孩子找到原因，我又陪这个孩子对预习的流程做了复盘。这才发现，之所以看不到太明显的提升，是因为在预习环节上，妈妈和孩子做了很多无用功。

孩子知道预习的重要性，却不知道要如何进行有效的预习。简单地翻书、读课文，只能说是把教材过了一遍，算不上是做了预习。真正有效的预习是能够记住书中重要的知识点，通过简单的练习确定哪些内容自己理解了、哪些还没有理解。

把重要的知识誊抄在预习本上，把没能掌握的部分标记出来，上课的时候着重听老师的讲解，这样的预习才是有效的预习。

对于数理化来说，有效的预习是能够理解重要的概念、公式、定理，能够尝试做基础的例题和课后习题。用自己的语言把概念、公式、定理以及解题所用的思路和方法讲清楚。

对语文、英语来说，就是能够记忆重要的字词、古诗词、课文，该背诵的做好背诵，该应用的找到应用的场景。

讲不清楚、不会应用的部分，就是自己预习时没能掌握的部分。上课时把已经理解的部分，跟着老师再重温一遍，没能理解的部分跟着老师重点学习，还没搞懂的话，可以下课找老师再次进行询问。

当能够有效完成预习之后，听课的效率也会得到提升。回家再复习，就会发现非常省时省力，做作业的效率也能极大提高。整个学习闭环的正向循环也就建立起来了。

发现学习漏洞

我在咨询中遇到过这样一个孩子，人特别聪明，但学习并不是太踏实。总觉得课上老师讲得很简单，自己听一听就会了。就算是做错了题目，也觉得不是什么大事儿，看下答案，或者听老师讲讲，就都懂了。即便是考试丢分了，也总是不以为然。每次他妈妈问他，他都会说："我就是没认真，其实我都会。"

孩子妈妈跟我说这些的时候，可以很明显地看出她的那种无奈。孩子问啥都说会，可一考试就丢分，不是这里差点，就是那里丢点。孩子妈妈觉得孩子根本没意识到自己的问题，说什么孩子都听不进去，就更别提什么做规划，或是成绩的提升了。

其实很多孩子都会有这样的情况，明明没有理解透彻，却觉得自己都学会了，只不过表现这种"自信"的程度不同。对于这类以为自己学会了的情况，费曼学习法可以轻易"戳破"这个"假象"。

我跟孩子妈妈说，以后不要孩子一说会了，这部分交流就没有下文了。而是只要孩子说会了，就要跟一句："那我还不懂，你能给我讲讲吗？"听的时候也不要孩子讲什么就是什么，妈妈一定要懂得在关键节点提问，比如关键的解题思路、用到的知识点、错题原因的分析等，一定要让孩子能说清楚是什么、为什么。

后来孩子妈妈跟我反馈说，刚开始孩子还不太适应，遇到不会的地方还有点容易急，但好在孩子好胜心强，答不上、说不清的地方，就自己去偷偷弄懂，然后再回来讲。也就一周左右的时间，就明显感觉到孩子踏实多了，成绩也开始有了稳步提升。

孩子自己也说，之前总觉得自己听懂了、都会了，可是当自己想着要讲给妈妈听，想到妈妈问的那些问题的时候，才发现中间有很多点是没有想清楚、理解透的。

提升学科成绩

提升学科成绩，从来都不是一件神秘的事情。踏踏实实做好学习闭环,做一道题有一道题的收获,重视复盘总结,只要每一步都认真完成,在成绩上就一定能够看到反馈。而费曼学习法的核心"以教促学"是推动上述每一步高质量完成的重点。

1. 做好学习闭环

所谓学习闭环,就是课前预习—上课听讲—课后复习—认真完成作业。

课前预习的目的是提前确定听课重点,提高听课效率;课上听讲是为了紧跟老师的教学节奏,这是根本;课后复习是为了巩固所学,提高知识的留存率;而作业和练习的环节是对前面三个环节的检查,辅助我们完成查漏补缺。凡是能做好学习闭环的孩子,成绩一定不会差。

我知道,很多家长和孩子对学习闭环的概念都不陌生,甚至能够倒背如流,但认真执行的很少。不是不想做,而是不知道每一步到底应该如何做,才能让学习效果最大化。

(1)课前预习

一说到预习,经常会有家长问我,预习是看书还是做题?每次预习的量是多少?需不需要做错题本和改错?预习之后孩子要是上课不听讲了怎么办?

我的回答是,要看书也要适当做题;预习进度要看孩子的学习能力和承受能力,以及时间是否充足;错题本要做,但更重要的是要有预习本。至于最后一个问题,暴露出了家长对预习的误解,误把预习当成了提前学。

预习的目的不是提前完成学校的任务，而是要对新的知识点先做一个了解，找出其中不理解的点标注出来，上课的时候带着问题去听讲。方便孩子抓住课堂内容的重点，提高听课的效率。

而提前学，是需要孩子们按照学习的闭环，完完整整地提前做一遍。两者需要投入的时间和精力完全不同，一定要做好区分，根据学习的目的做好选择。

在预习这件事上，不同学科的学习特点不同，预习的侧重点也有所差异，具体如图 2.4 所示。

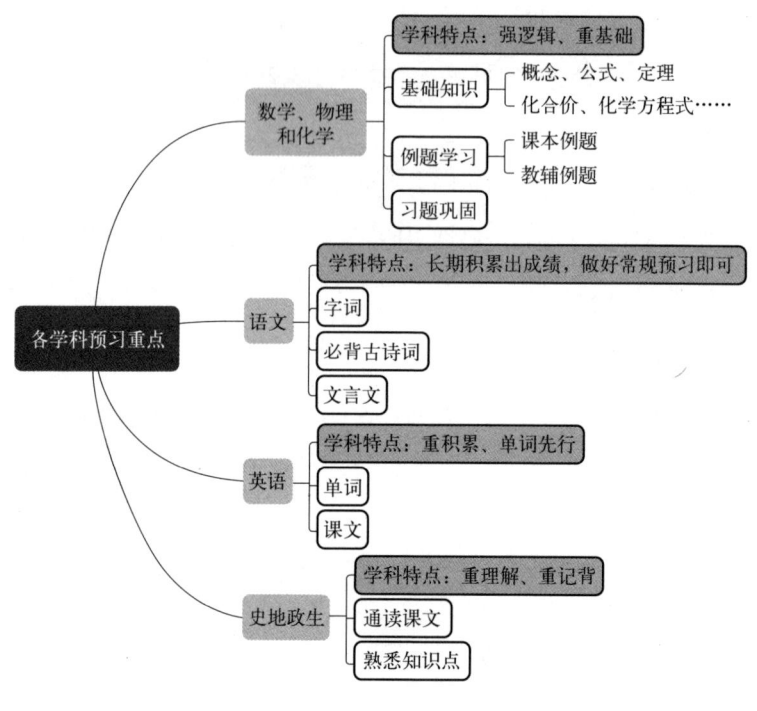

```
各学科预习重点
├── 数学、物理和化学
│   ├── 学科特点：强逻辑、重基础
│   ├── 基础知识 ── 概念、公式、定理；化合价、化学方程式……
│   ├── 例题学习 ── 课本例题；教辅例题
│   └── 习题巩固
├── 语文
│   ├── 学科特点：长期积累出成绩，做好常规预习即可
│   ├── 字词
│   ├── 必背古诗词
│   └── 文言文
├── 英语
│   ├── 学科特点：重积累、单词先行
│   ├── 单词
│   └── 课文
└── 史地政生
    ├── 学科特点：重理解、重记背
    ├── 通读课文
    └── 熟悉知识点
```

图 2.4　各学科预习重点

① 数学、物理和化学。

数学、物理和化学,都是逻辑性比较强的科目,要在基础知识足够扎实的基础上做题练习,才会有比较好的预习效果。从学科特点来看,预习可以分为四步,具体如图 2.5 所示。

第一步 准备预习工具
课本和预习本、荧光笔以及红、黑两色笔,小学低年级的孩子可以用荧光笔和铅笔

第二步 标注和摘抄
用荧光笔把课本上的概念、公式、定理都画出来,并进行背诵,然后摘抄到预习本上

第三步 例题学习
对照课本解析例题,在觉得掌握之后,再动手把例题做一遍。然后认真核对,看计算、步骤、单位、书写是否有问题

第四步 习题巩固
做课后和教辅的基础习题。如果正确率能达到85%以上,就说明这个知识点已基本理解了

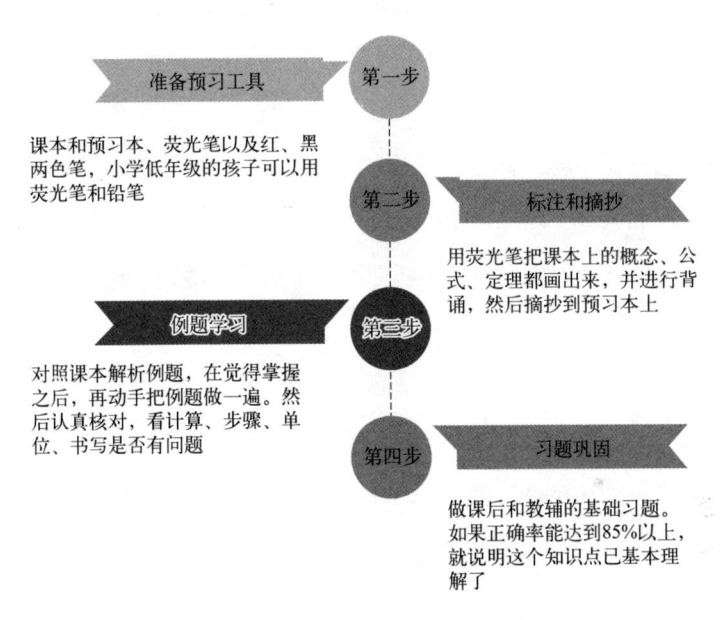

图 2.5 数学、物理和化学四步预习法

第一步,准备课本和预习本,荧光笔以及红、黑两色笔,小学低年级的孩子可以用荧光笔和铅笔。

第二步,用荧光笔把课本上的概念、公式、定理都画出来,并进行背诵,然后摘抄到预习本上。摘抄一是为了让孩子们养成勤动笔的习惯,提升记背效果;二是可以用书写的方式,让孩子

们能够更认真、更专注。

第三步，对照课本解析例题，在觉得掌握之后，再动手把例题做一遍。然后认真核对，看计算、步骤、单位、书写是否有问题。有错误的要及时用红笔标注并改正。

第四步，做课后和教辅的基础习题。如果正确率能达到85%以上，就说明这个知识点已基本理解了。

最后，再给大家分享一个预习的小技巧。在整个预习过程当中，遇到了问题，有自己搞不明白的知识点，就在相应的知识点或题目的旁边，画一个空心的三角小旗子。提醒自己上课时认真听老师讲解，听懂之后就可以把小旗子的空心填满，表示自己已学会。

这样标记的好处是，可以清楚记录自己在预习当中有多少是不会的，哪些是上课听讲后解决的，每一步的学习都能留下痕迹。等到考前总复习的时候，自己能按照痕迹找到知识点，复习重点一目了然。

② 语文。

语文进行常规预习的效果会更好，主要的预习内容就是字词、必背古诗词和文言文。

先把课后写字表的字词写在预习本上，根据字典或者知识梳理类教辅书来学习组词，每个字组两个词，一边写一边记。家长要帮助孩子默写检查，把错误的、不会的圈出来，后面继续默写。

古诗词和文言文记背后，也要进行默写，考试都是落到笔头上的，不会写就等于不会。

至于课文部分，在扫清了字词障碍之后，通读了解文章大意，再将自己不明白的地方写在旁边，画一个空心小旗子，等到老师上课讲解的时候再认真听。学会之后，记得和数学一样，要把空心小旗子填满。

这里有一点要提醒读者，课文部分不需要预习得过于细致，这部分内容上课听老师讲解效果会更好。

③ 英语。

英语预习主要是两部分，一是单词，二是课文。

单词的记背可以放在句子和文章中，也可以直接用单词书，没有一定之规，适合自己，能达到效果就可以。课文在预习的时候以两天一课的速度推进，第一天扫清单词障碍，熟练朗读；第二天背诵默写。

④ 史地政生（小四门）。

历史、地理、道德与法治（政治与法治、政治）和生物的预习要求相对简单，能够通读课本，熟悉知识点就好。如果是安排在假期，也可以选择知识梳理类的教辅书作为学习材料，每天利用早读和晚上睡前的时间，朗读记背。

（2）上课听讲

这一环比较特殊，家长看不到孩子在学校的情况，只能通过和老师交流获得反馈，但得到的信息非常有限。

想要检查孩子的听课效果，家长可以定时查看孩子的笔记，每天、每周都可以找一个固定的时间点。如果笔记是一贯的水平那就不用担心，如果笔记明显出现没有记、记不全或者是字迹非常潦草的情况，那就说明孩子上课听讲是有问题的。一定要赶紧和老师沟通，看看是什么原因。

上课听讲是学习里面最重要的一件事，上课不认真听，下课双倍补也未必能补齐。很多孩子上课听讲有问题，是因为注意力不集中、上课走神。这种情况基本上所有的孩子都会有，走神并不可怕，关键是要能及时管理自己。

每当发现自己上课走神时，孩子们要能够赶紧提醒自己"我要好好听课，不要走神"。然后迅速把自己的思想拽回到课堂上。

还可以让孩子手里拿支笔，在不影响听讲的情况下，尽量多记笔记。要记笔记，就必须认真听，这是避免孩子听课走神的好方法。

最后一个方法，也是最不可控的办法，就是请老师多关心孩子，如果发现孩子经常出现注意力不集中的情况，家长可以多提问多关心。但老师们要照顾整个班的学生，很难做到面面俱到，只可以请求，不能强加。

在平常的生活中，家长们也要学会注意保护孩子的注意力，学是学，玩是玩，切记不要总是打扰孩子，避免人为地破坏他们的注意力。

（3）完成作业

无论是小学的孩子，还是中学的孩子，在完成课后作业的时候，都需要注意三件事：一是学习的态度，二是作业的正确率，三是错题的改错与分析。

① 端正学习态度。

小学阶段孩子们的学习时间相对充裕，但到了初中、高中后孩子们的学习时间会越来越紧，孩子们要尽可能利用在学校的课间、午休、自习等时段，高效完成作业。

文科类的作业可以放在碎片时间完成，理科类的作业尽量安排整块时间。如果还有没完成的，放学回家后第一时间要先做作业，然后再安排其他任务。不管是用碎片时间，还是用整块时间，只要开始做作业，就要能够排除干扰，专心完成。

② 关注作业正确率。

每周末家长要抽出时间检查孩子作业的正确率。作业的正确率至少要在85%，如果达不到，就要分析问题找原因。作业中除了少量的拔高题，剩下的都是基础题，如果基础题正确率低，那就说明孩子在知识点的学习上有很大漏洞，要赶快查漏补缺，不能拖延。越是拖到后面，问题就越多，漏洞就越大。

③ 学会改错。

关于作业的错题改错有两个要求，一是错题不过夜，有错必须当天改正。二是改错最好一遍改对，不要来回拉抽屉。改一次不对，再改一次还不对，这种不认真的学习态度，表现在学习中，就是对错题的印象越来越深，最后改都改不过来了。

作业是孩子学习知识点后的第一道关卡，守好第一道关卡，能为后面的复习、练习减轻不少负担。对待作业，要能够像对待考试一样,这话不少人都听过,真正能做到的却很少,做到的话会受益终身。

(4) 课后复习

在学习闭环中,课后复习的重要性仅次于上课听讲。任何知识,都是要复习的,别相信什么过目不忘,那只是极小概率的事情。对绝大多数的孩子来说,踏实学习,定期复习巩固,才是避免遗忘、提升成绩的良方。

孩子们的复习节奏可以分三种,日清、周清和大复习,也可以根据孩子的年龄和年级适当调整。

日清是指每天能够对当天所学进行复习。理科复习概念、公式、定理、例题,语文英语复习基本字词、上课笔记,史地政生记背重要知识点。

周清是指每周末,能对一周所学进行补充记忆。周清主要是日清的补充,周中没能完成记背的部分,到了周末要抽出时间全部完成。

大复习指期中、期末考前的集中复习。内容包括知识点的查漏补缺,错题重刷,记背概念、字词和课文等。

对孩子们来说,平日里做好课后日清、周清,考前压力就会减轻很多,只要能认真完成考前的大复习任务,成绩一定不会太差。

2. 做一题是一题

我见过很多喜欢通过刷题提高成绩的孩子,小学时这样做成绩的提高会特别明显，可到了初高中后单纯靠刷题去提升，就会收效甚微。

因为学习的本质从来不是看我们做了多少题，而是每做一道题，都能把题目背后的知识点、出题的设问方式、同类型题目的解题思路，全部搞懂弄透。

这样做一道题的效果可能比刷十道题的效果更好，看上去时间花得少了很多，貌似没有多努力，但效果却胜过傻傻地埋头在题海当中。

往往孩子们在做题的时候，关注更多的是做了多少道题，其中又对了多少。这样做虽然能对自己的学习情况做到心中有数，但也就只是到"有数"就结束了。用这种方式学习，除了做题的速度能够提升以外，对正确率和成绩的提升是没有什么帮助的。

真正有效的刷题，是能够做到题目对了能说清楚为什么对，错了也能够知道为什么会错。知道自己的改正细节有哪些。

就像在说改错题的时候，我们会要求说，不能只是简单地抄一遍正确答案。不动脑思考，不找到出错原因，抄十遍、百遍也没有效果，最多是能把题目背下来，之后只要稍加变形，依然无法应对。

在寻找错因的时候，也不要满足于把原因归结为马虎、知识点没掌握、计算出错等问题，这一步没错，只是还没有做到位，没有找到出现问题的根源，所以改错时还要再追问一句"为什么呢？"

知道了为什么会马虎，之后才能在练习和考试中注意，不再马虎。而不只是干巴巴地提醒自己说"我要注意，不要马虎"，那是没有什么效果的。

知道了知识点没掌握，在搞懂了知识点之后，再多问一句"为什么"，找到没有掌握的原因，很可能是上课的时候走神了，听不懂的地方没有及时解决等，及时发现自己学习习惯或者学习方法上的问题。

从根源上进行改正，提升听课效率，遇到问题及时找老师答疑，才能避免再次出现知识点没掌握的情况。

我们要的是从根源上进行调整，而不只是依靠练习和考试寻找漏洞，然后追着漏洞去补漏。

3. 重视复盘总结

很多学生在学习的时候，都没有复盘总结的习惯。但想要发现学习过程、学习方法、学习习惯中存在的问题，就需要学生们能够以周、月或学期为单位，站在全局的角度，回看这一阶段的学习情况，分析其中存在的不足，找到可以着重学习和提升地方，然后有针对性地提高和改善，这对学习成绩的整体提高是非常有效的。

只学习不总结，脑子里留存的总是一些零散的知识点，一些不相关的方法和技巧，这种学习的状态是学习的最初级阶段。

对做过的题目进行复盘总结，可以帮助学生找到题目间的关联，找到同类型题目解题思路的规律，才能够做到所谓的"举一反三"。

对学过的知识点进行复盘总结，可以让学生看到知识点间的联系，把散碎的知识点梳理成学科的知识网，这是学生们可以将所学知识融会贯通的基础。

对学习方式、学习方法、学习习惯进行复盘总结，可以看到自身存在的不足，找到最适合自己的提升路径。

我们总是希望能够找到一套最适合自己的学习方法，但这种方法从不是向外求的，而是在掌握和使用基本方法的过程中，不断地进行复盘和反思，然后结合自身的情况，不断地调整和修正，最终形成一套最为适合自己的学习方法。

费曼学习法为我们提供了清晰好用的学习逻辑和科学实用的学习框架，请读者朋友根据自身情况进行微调，让费曼学习法真正地为我所用。

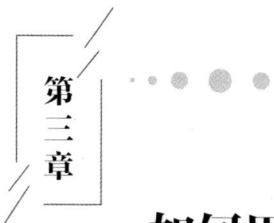

第三章 如何用费曼学习法激发孩子的学习动力

绝大多数父母都希望孩子可以不用父母过问,就能努力学习,最好还能有优异的成绩反馈。

孩子们呢,都希望父母不要每天唠唠叨叨,总是催自己学习,都想要有足够的自主空间。

可如今孩子们的学习状态,大多是埋头刷题,努力拼高分。父母激励孩子的话无非是,小学好好学习上个好初中,初中好好学习进个好高中,高中好好学习考个好大学。这样的激励方式,显然既不能让孩子感受到学习的意义,也不能激发孩子对学习的热爱。

一、心态调整

心态会在很大程度上影响孩子们的情绪和意志,拥有积极心态的孩子，无论学习上遇到什么困难，都会努力想办法去解决；而消极心态的孩子，明明困难没有多大，就先被吓得认输了。

心态在学生时代，影响的是孩子们的学习动力，最终会体现在考试的成绩上，等孩子们毕业后进入社会，影响的将是孩子们的人生。

打破"学不会"的魔咒

我在咨询中经常会听到有孩子妈妈跟我说，"我和孩子爸爸数学都不好，我估计孩子的数学也好不到哪里去"，"孩子智商不高，理科学习能跟上不拖后腿就行"；又或者"同样的知识点，别人30分钟就能学会，我们家孩子起码要2个小时，你说他是不是笨"。

孩子们虽然嘴上什么都不说，但大多心理都是很敏感的。父母的情绪、评价，甚至是气头上的批评话语，孩子们全部都会记在心里，开始会伤心、会难过，渐渐开始自我怀疑，听得多了甚至会信以为真。

当父母总是有意无意表现出，觉得孩子不够聪明的时候，孩子们就会真的相信自己不聪明，并在心里把"学不会""学不好"这件事情合理化。

也就是说，当孩子们说"我学不会"的时候，80%以上并不是他们真的学不会，而是他们认为自己"学不会"，是对学习没有了信心，不想再继续努力了，甚至会觉得反正努力了也没有什么用。

但事实上，现在的孩子们智商差异是非常小的，所谓的遗传也并不是什么关键性的决定因素。

就以费曼为例，他的智商虽然有120，但绝对算不上是智力超群。和他的学术成就相比，他的智商甚至是"不值一提"。

再看费曼的父母，虽然父亲善于引导费曼思考和学习，但他自己本身是位普通的制服推销员，并没有遗传给费曼研究物理的天赋基因。所以，千万别以什么智商、天赋为由，来给孩子下定义。

现在的孩子们普遍智商都较高，要说学习成绩上的差异，学习习惯、学习方法、学习心态的影响，都要比智商的影响大得多。

而孩子的心态问题，又在很大程度上会受到家长的影响。面对孩子不擅长、学得慢的情况，家长要用成长型的思维方式来看待。不要轻易用"学不会"来给孩子下定义。如果家长只是盯着结果批评和指责孩子，不但不能解决孩子的问题，甚至会加重孩子的抵触情绪。

遇到学不懂、学不会的情况，孩子本来就很迷茫，在最需要指引和帮助的时候，家长的批评只会让孩子更加无助，甚至产生自我怀疑。

如果家长能够客观分析孩子的特点和学习方式，在学习过程中寻找解决方案，陪着孩子一起想办法克服学习中的困难，孩子就会在一次又一次"学会了"的体验中，慢慢建立起对学习的信心，从而打破"学不会"的魔咒。

有的孩子是学得快忘得快的类型，在这种情况下，家长就要引导孩子反复多次地学习和练习，不断加深记忆。

有的孩子是学得慢但只要学会就不会忘记的类型，这种情况家长就要对孩子初次学习的过程有足够的耐心，同时要引导和鼓励孩子，坚持把眼前的知识点弄懂弄透，学会欣赏孩子踏实沉稳的风格。

总之，家长们要记住，孩子的身上没有缺点，只有特点。当你想要批评孩子的时候，不妨停下来想想，这件事情表象的背后，可以看到孩子身上的哪些特点。学会利用和放大孩子的特点，才能把劣势变成优势，让孩子的学习越来越得心应手。

"学不会"的魔咒，影响的不只是孩子，还有每天陪在孩子身边的家长们。同样地，学习心态的调整，也不只是孩子单方面的事情，需要家长和孩子共同努力、一起调整。

学会延迟满足

"延迟满足"的概念最初源于20世纪60年代，斯坦福大学心理学教授沃尔特·米歇尔做了一个关于"延迟满足"的实验，实验对象是斯坦福大学校园里一间幼儿园的孩子们。

实验中，每个孩子的面前都放了一颗糖，然后组织者告诉孩子们，如果马上吃掉的话，就只能吃一颗。但如果他们能等待15分钟再吃，就能吃到两颗。

实验发现，其中一些孩子等了一会儿就把糖吃掉了。而另一些孩子会通过闭眼睛、唱歌等方式转移自己的注意力，最后他们都吃到了两颗糖。

后来实验范围进一步扩大，发现缺乏耐心的人会更多展现出性格固执、容易沮丧等特点。而那些能够等待的孩子，往往会成为适应性强且自信独立的人。

近几年关于孩子的教育，大家对"延迟满足"的评价褒贬不一。支持者认为，如今身边的诱惑太多了，电子产品、社交软件、短视频，别说是孩子们，就连成人都很难做到不被影响，可对求学中的孩子来说，学会延迟满足、学习优先很有必要。

而反对者认为，延迟满足容易让孩子形成讨好型人格，为了满足别人的需求，过度委屈自己，这从长远的角度来看，不利于孩子性格的形成，甚至会影响他们的一生。

在这里我们不对"延迟满足"的优劣进行评价。在我看来，一个方法对孩子影响的好坏，主要取决于老师、家长在实际中如何应用，以及如何引导孩子去正向地看待。

从时间管理的角度来看也好，从要事优先的原则出发也好，让孩子学会区分轻重缓急，从心底理解学习对自己的重要性，而不是以父母是否认同、表扬、奖励为驱动，才是延迟满足的正确打开方式。

当孩子们真正接受当前阶段学习的优先级高于娱乐、社交时，才会以一个开放、积极的心态去面对学习。

在实际生活中，不要试图用单纯的说教让孩子理解学习的重要性，而是要能够从生活的点滴入手，让孩子去体会到做什么都不容易，学习并不是最难的事情，但却是他们当下最容易通过努力看到回报的事情。

现在生活条件好了，在家里父母、老人都希望把最好的给孩子。孩子们想要什么都能轻易得到，这造成有些孩子对什么都不太珍惜，对什么好像也都没有太大的欲望，更别提说你要让他们为了什么事情而"延迟满足"了。

对于小一点的孩子来说，可以尝试着让他们帮父母去做一些家务。大一点的孩子可以让他们从书籍中体会生活的不易。

我之前带过一个初中生，从小家庭条件不错，生活、学习也一直都很顺利。他的妈妈总觉得自家儿子就是个"傻白甜"，每天一副岁月静好的样子。学习上还算努力，但是你也别想他能为了学习，放弃和同学出去玩。哪怕明天就要考试了，还有很多没有复习的内容，也不能耽误玩。

孩子妈妈就希望孩子能更懂事一点，能够把学习的优先级往前放一放，要是能够为了学习懂得延迟满足那就更好了。

那会儿刚好是寒假期间，我就跟孩子妈妈建议说让孩子多读点书，看看生活的不易也好，找找榜样的力量也好，总比父母在一旁念叨的效果好。

后来孩子妈妈选了《平凡的世界》，起初也担心这本书对孩子来说有点晦涩，但从最后的效果看还是不错的。

用孩子妈妈的话说就是："孩子突然懂事了，自己知道要学习，也知道先把该学的学好，再去做其他想做的事情。"

找到学习的意义

关于学习和研究，费曼说："不要试图用科学填满你的心，用爱就够了。"这份爱是出于对学习和研究这件事情本身的热爱。

现在生活条件普遍都好了，孩子们不缺吃穿，家里除了父母还有老人宠着，想要什么都能很容易得到。结果孩子们表现出来的就是，对什么都没有特别强烈的欲望和兴趣，父母想要激励孩子，也不知道该从哪里入手。

父母们虽然知道，想让孩子主动学习，就要让孩子明白学习的意义。可到了行动上，就只会不厌其烦地唠叨学习有多重要，而孩子根本无法体会，父母说得多了，孩子还会觉得厌烦。

之所以会这样，不是孩子们真的觉得学习不重要，而是父母嘴里说的那些重要的事，比如未来能有好生活、能去好学校，根本无法让孩子真正感受到和自己有关，毕竟他们觉得生活挺不错的。

想要让孩子们意识到学习的意义，首先要让孩子们真正相信这件事情与自己有关。最好的切入点就是从孩子的兴趣爱好出发，陪孩子们找到未来的职业目标甚至是人生目标。在陪孩子们去探究如何实现目标的过程中，引导孩子们看到，目标与学习之间的关联，从而让他们发自内心地对学习感兴趣。

我在咨询中遇到过一个小姑娘，从上初中起数学成绩就特别不好,既不喜欢学,也没什么动力学。但在交流的过程中我发现,她不是一个不知道学习的孩子,她有自己的目标和追求,那为什么对数学毫无兴趣呢?

我换了个角度,尝试着从她未来的愿景入手,看是不是能够帮她找到学习的动力。在聊到人生目标的时候,孩子跟我说她将来想成为一名律师。我就问她有没有目标学校,想要去哪所大学学法律。

孩子说她早就决定了,她想考中国政法大学。她还了解到,到了大学,法律专业是不用学数学的,所以数学好点差点对她做律师这个目标来说影响并不大,再加上她本来就不擅长数学,也就不想在数学这门学科上投入太多的时间和精力。

你看这个孩子的目标是很明确的,只是她忽略了很关键的一点,虽然上大学之后对她想学的专业来说,数学似乎不那么重要,但是高考还是要考数学的,而且这一门的成绩会对她的总分有很大的影响。

数学有多重要这件事情,父母、老师都没少跟她说,但都没能让她对数学有足够的重视。所以我不打算用说教的方式来改变她,而是找来中国政法大学近三年在她所在省份的招录情况。

我拿着近三年的录取分数带她一起去拆解目标,我们一起预估了她语文、英语和小科能够拿到的最高分数,用总分减去各科分数,就得到了数学她最低要达到的水平。

实实在在的分数目标摆在那里,她一下子就明白了,想要进入理想的学校，数学的分数至关重要。

从那天开始，她对数学的态度，就从"学不会"转变为了"我要学"。

二、建立自信

我在咨询的过程中发现，无论孩子当下的成绩如何，每个孩子都希望自己能有更好的成绩，但有些家长只要发现孩子的成绩未达标，就埋怨孩子不够努力、不够聪明。

久而久之，有些孩子开始自我怀疑，对学习也没了信心，然后开启了"越没信心就越学不好，越学不好越被批评"的恶性循环。而自信与否是一个孩子是否愿意主动学习，追求更高学习目标的关键。

建立学习自信的关键

在做一对一咨询的时候，我遇到过这样两个同年级的孩子，小张和小李。

小张妈妈头疼的是，她发现孩子平时的小测也好，阶段性的考试也好，总是"报喜不报忧"。成绩好了，大大方方拿给妈妈看，成绩不理想，就偷偷把试卷藏起来。

有的时候妈妈给布置了练习任务，小张还会偷偷看答案，对着答案抄写，然后再拿给妈妈批改。在妈妈看来，孩子这就是自欺欺人，这样下去谁都帮不了他。

而小李的情况则刚好相反，每次作业也好、考试也好，凡是遇到不会的题目、考得不好的时候，他都会非常坦诚地告诉妈妈。所以每次遇到问题，他的妈妈都能在第一时间发现，也能够帮他一起寻找解决、提升的办法。

在沟通中我了解到，两个孩子截然不同的表现，并不是因为性格等先天因素造成，而是因为两位妈妈教育方式的不同，她们对待孩子做错题这件事情的态度是截然相反的。

小张每次做错题，妈妈都会念叨个不停，"你怎么这么简单的题目都会错？""这道题不是做过吗？怎么还错？""教过你多少遍了？怎么就是学不会？"

而小李的妈妈最常对他说的是："学习遇到不会的题、不能理解的知识点是很正常的。你做错什么题，做错多少题我都能接受，都能陪你一起学习。但我不能接受你欺骗我。"

长以此往，小张从怕成绩不好，做错题，到他也无法接受自己做错题，才有了偷偷翻答案这类"自欺欺人"的举动。

再看小李，一直被妈妈全然接受，所以自己也能够接受自己有做得不好的地方，并坚定地相信，哪怕现在不够好，自己还是可以通过努力做得更好。

我们总说希望孩子是自信的，到底什么是自信？从小张和小李的故事中我们能看到，真正的自信，不是因为我能做好所以自信，而是无论好与不好我都能够接受，并相信自己能够做得比现在好。

那作为父母的我们，要如何做才能够帮助孩子建立自信呢？

1. 少提"别人家的孩子"

孩子们最怕的就是"别人家的孩子"，因为"别人家的孩子"总是样样都优秀、哪哪都很好。可实际上，不过是小 A 更听话，小 B 更能说会道，小 C 成绩更好，但综合下来的结果却是，父母口中别人家的孩子哪哪都好，再看自己家孩子一无是处。

想要帮孩子建立自信，父母要先做到不盲目比较，不要总拿别人家孩子来进行说教。多看看自家孩子的闪光点，从正面对孩子进行激励与引导。

2. 设定合理的目标

当目标设定过高的时候，最终的结果就是，无论孩子如何努力，都无法达到设定目标。偶尔一两次如此，后面能够及时调整也还好。怕就怕每次目标都设定过高，造成每次都无法达到目标，久而久之，不用谁说，孩子自己就会觉得自己不行。

反过来，如果每次都太过容易实现目标，孩子就比较容易骄傲、膨胀，看不清自己真实的情况。所以，在培养孩子建立自信的过程中，设定一个合理的目标非常重要。

3. 关注过程，不评判结果

很多时候家长都会唯结果论，只要孩子达到目标了就肯定加表扬，只要没有实现预期目标就否定批评。真正对孩子们人生有益的自信，不是因为做到了所以自信，而是不管有没有做到，都相信自己可以，并且不放弃努力。

这就要求家长们在和孩子相处时，不要只是盯着成绩、结果，而要学会看到孩子努力的过程，并给出客观中肯的评价与建议。既能够肯定努力的过程，也能够帮孩子找到过程中需要改进的地方，带着孩子学会从过程中寻找答案，提升解决问题的能力。

建立学习自信的方法

孩子小的时候，想要鼓励他们做什么事情，父母一句简单的"你真棒"，就能让他们信心满满、动力十足。可随着孩子的成长，到了小学高年级和中学后，他们很难再被那些简单的话术激励，想要激发孩子的学习自信，就需要家长们能够找到具体的鼓励着力点。

1. 从兴趣和优势出发

新东方创始人俞敏洪老师曾在一次演讲中谈到，孩子成绩不好不是他自己不想学好，而是你让他一下子把所有科目都学到全班前列，是不现实的。真正有效的方法是，家长可以和孩子探讨，哪一门课是孩子喜欢的，更愿意去努力学习的。

家长可以带着孩子，先集中精力学习孩子相对更喜欢的这个学科。通过调整学习方法，制订科学的学习计划，用一个月或者一个学期的时间，把这一门学科的成绩提升起来。然后用这一门学科的成功来鼓励孩子，让他看到只要找对方法、做好规划，自己是能够学好的，让孩子相信"我行"。

我也经常会被家长们问到："孩子哪科都不好，我该怎么引导他去提升？要如何制订学习计划？"

我之前遇到过一个来自湖南的初二男生，他是那种各科成绩都还说得过去，但又算不上太好的孩子。自己也对学习表现得不太当回事，他的妈妈想要激励他，总觉得无从下手。

我跟孩子沟通的时候，他有一句话让我印象特别深。他说自己也不是不想学，只是因为每科成绩都一般，哪个老师表扬学生的时候都轮不到他。

时间长了，孩子就开始觉得自己努力了也得不到肯定，所以他就告诉自己，成绩好不好其实没那么重要，别太在意老师的评价。

我问他，如果不考虑老师会不会表扬，他最喜欢哪个学科，最想要把哪个学科学好。他告诉我说，他最喜欢的是数学。所以我给他制订的提升计划，就是先从数学着手。

我提醒他，我们努力提升数学，不是为了别人的表扬，只是因为喜欢，我也希望看到他能把自己喜欢的事情做好，并从中找到快乐。

孩子按照我的计划执行了一个多月的时间，数学成绩有了明显进步，老师的肯定也随之而来。他的妈妈特别机智地鼓励他说："你看，只要你想要去做的事情，找到方法，你也能做得很好。"

就这样，孩子对学习的信心被激发了出来。

2. 提升薄弱科目成绩

我们常说想要从 10 分提高到 70 分，远比从 95 分提高到 100

分容易得多。找到薄弱科目进行重点关注,对孩子来说是最容易从分数的绝对值上看到明显进步的。

提优和补差,是成绩提升的两个关键,也是帮孩子建立学习自信的关键。

有个孩子刚来找我咨询的时候,数学150分满分的卷子,只能考到70分左右。孩子在数学的学习上很用功,但成绩相对来说不太理想,孩子也经常会因为被数学题目难住而有情绪,导致一晚上都在跟自己生气,书没翻几页,题也没做几道,不会的还是不会,错的依然还错。

他的妈妈一直很耐心地陪伴他学习,也能给孩子进行学科上的辅导。但问题就在于,遇到难题孩子就闹情绪,开始自我否定,一旦有了情绪,再多的方法都推行不下去。他的妈妈也知道数学成绩一定要提高,可就是不知道该怎么办。

事实上,越是不善长的科目越要从基础抓起。我给孩子妈妈的建议是,先陪孩子把书上的概念、公式、定理记熟,然后从书本上的基础例题和老师上课讲的补充例题入手。不要贪多求全,每做一道题,就要把题背后用到的知识点、同类型题的解题思路都弄透。

孩子妈妈非常信任我,很坚定地执行了我给她定好的计划。半个学期下来,孩子因为被难住而闹情绪的情况越来越少,学到的基础知识也牢固了很多。期中考试时,孩子的数学成绩直接从原来的70分左右,提升到了140分。

出成绩的当天,孩子就给我打来电话,他说:"阿姨你说得太对了，我以前就是没有用对方法，最差的数学我都能学好，其他科目我也行！"

3. 设定伸伸手才能够到的目标

在咨询中我发现，孩子们在刷题时家长大多存在两极分化的现象：

一类家长喜欢让孩子大量地做基础题，几乎不怎么触碰难题，他们的想法是，现在中考都重视基础，没有必要好高骛远，打牢基础最重要。

还有一类家长喜欢让孩子不断地挑战难题，觉得基础题差不多就行，难题才能开发思维，才能体现孩子的能力。

事实上，这两种方式都不利于激发孩子的学习动力。题目太简单、太基础，刷多了会让孩子觉得枯燥乏味，没有挑战性，会让孩子开启不走心、不过脑的机械式刷题。题目太难、离孩子能力太远，一道做不出，再做一道还是没思路，孩子很快就没了信心，再见到难题时会绕着走。

设定学习目标也是一样的道理，你让一个各个学科都还不及格的孩子，把目标锁定在年级前十名，想都不用想，他根本就不会向着这个目标努力。因为距离太远，根本达不到，与努力后的失望相比，孩子更可能选择直接放弃。

如果目标太低，根本不用做什么努力，那目标设定就失去了意义。只有一个伸伸手才能够到的目标，才能激发孩子为了实现目标去努力，才能让孩子在努力后取得成绩时，体会到成就感，增强他们的自信心。

陪孩子看到第一次正向反馈

在我刚开始做咨询的时候，有个让我印象特别深的男孩，他是正在上二年级的小常。孩子是那种学东西不是很快，但只要学会就能记得很扎实的孩子。学习的时候，他一定要自己全都能理解、能想通，才会开始去做题。

平时他的爸妈工作很忙，主要是姥姥姥爷负责他的学习。加上孩子爸妈当年都是学霸，对小学的学习不以为然，总觉得就那么点儿东西，怎么可能学不会。所以除了学校学习，还跟风给孩子报了奥数、英语、大语文。

虽说我并不建议孩子们通过课外班提升学习成绩，但在小常身上，这些课外班倒也起到了一些"积极"的作用。

因为小常的爸妈只有周末才有时间过问孩子的学习，而小常周末最主要的任务就是课外班。在辅导孩子完成奥数和英语课外班作业的时候，孩子爸妈才注意到孩子学东西好像有点慢。

尤其是每次奥数课后写作业的时候，孩子没有课前预习的过程，课上吸收得一般，课后需要长时间理解和消化，直接让他写作业他根本摸不着头绪。

刚开始他的父母并不知道这些，只觉得好不容易到周末，有时间陪伴孩子，就急着让孩子做作业。孩子就只能坐在那里，半天写不出一个"答"字。

父亲急得吼孩子，不理解孩子为什么不动笔，为什么那么简单的东西就是学不会，觉得他一定是没有动脑子。

孩子母亲也经常急得崩溃大哭，觉得自己太失败了，开始反思自己是不是工作上精力投入太多，忽略了对孩子的教育，甚至有点委屈，觉得孩子爸爸的教育方式根本不行，孩子教育的压力都在自己身上。

再看孩子，父母的情绪和反应，他全都看在眼里，敏感的天性让他觉得一定是自己的问题。

陪孩子上过奥数的家长都知道，课上的进度是很快的，但那些准备充分的孩子可以很快消化、吸收。这些都让小常觉得特别挫败，开始排斥奥数的学习。孩子爸妈找到我的时候，这种状态已经持续了快一年。

我在了解小常的基本情况后发现，孩子课内部分的成绩虽然算不上拔尖儿，但从成绩反馈看，绝对不是跟不上、听不懂的类型。在父母没怎么过问课内的情况下，孩子的成绩算是很不错的。我觉得这跟爸妈说的那个学不明白的小常不太像一个人。

直到见到孩子，和他沟通之后，我告诉孩子的爸妈，不是孩子不聪明，而是孩子的学习风格比较沉稳、慢热。表面看上去学什么都慢，反应也不算太快，但实际上，他只要学会了，就比大多孩子掌握得更扎实。

关于孩子的学习和未来路径要如何选择，还是应该把选择权交给孩子和父母，毕竟那很可能会影响到孩子的未来，必须结合父母的预期和对孩子的人生规划再去确定，所以我做了两个规划方案。

　　第一个方案是直接放弃奥数的学习，踏踏实实做好课内的部分。因为孩子已经二年级了，规范书写的练习、英语单词的背默、数学计算的稳定练习都还没有开始，我建议孩子的父母把主要精力放在学习习惯的养成上。

　　除此之外，我建议可以给孩子增加一些补充练习，让孩子慢慢开始适应有稳定练习量的学习节奏。再就是适当地加一些提前量的学习，比如数学可以往前预习，语文的必背古诗词，英语的单词，都可以陆续安排上。

　　从时间上来看，每天晚上孩子作业结束后，约有两个小时的时间可以自主安排，练字、计算占去半小时，数学一套课时练做加改错大概要 30～40 分钟，另外半小时安排单词背诵，余下的 20～30 分钟可用来课外阅读。

　　等到周末，父母有时间可以带着孩子复盘一周所学，再对下周课内学习做简单的预习。逐步把"预习—听课—复习—作业"的学习闭环建立起来。

　　第二个方案是继续奥数的学习，这就需要父母能够提前花时间，带着孩子预习要学的内容，同时还要帮助孩子养成好的学习习惯，课内的学习也不能丢，还要增加练习，只是练习量要适当减少，不然孩子的负担太重了。

　　增加奥数预习的原因是，既然孩子消化理解慢，那就需要提前接触，这样有助于提高孩子听课的效率，课上跟上老师的节奏，慢慢在课外班的学习上找回自信。

不要因为额外增加的学习，影响学习的信心，进而影响课内的学习，产生不良的连锁反应。

小常的父母商量后决定，孩子妈妈多花一些时间陪孩子做奥数的预习。一来是不想让孩子觉得做不好就可以放弃，要学会坚持，看到自己是能做好的；二来是不想这么早就放弃竞赛这条路，还是想要再坚持看看。

咨询后不到一个月的时间，我就收到孩子妈妈的反馈说，预习后孩子在课外的学习上开始能跟上老师的节奏了，偶尔还能举手回答问题。

第一次课上跟老师互动后，孩子下课是跳着走出教室的，回家的路上全程都在跟妈妈讲自己当天表现得有多好。那天小常还第一次主动要求妈妈陪他预习和做作业。

你看，其实孩子特别简单，只要能通过自己的努力看到正向反馈，他们就相信自己是可以做到的，就愿意付出更多的努力，看到更多反馈。所以，父母们别急，给孩子一点耐心，他一定会给你一个惊喜。

三、通过亲子互动激发学习动力

很多时候对孩子的教育是不能光靠嘴说的，父母的行动比什么都重要。通过亲子互动，让孩子感受到学习的乐趣，明白学习的意义，比磨破嘴皮子管用得多。

亲子互动的基本原则

在实际从事教育工作的过程中，我发现家长们普遍有一个误区，就是觉得我是孩子的爸爸、我是孩子的妈妈，我做什么都是为了他好，我是不会害他的，他就应该听我的。

忽略了孩子也是一个独立的个体，哪怕还很小、还没有成年，他们也有自己的思想，也有被尊重、被平等对待的需求。

如果只是一味地以父母的姿态发号施令，孩子要么会一直压抑自己的需求，要么会直接顶撞、反抗。可无论哪种状态，对孩子的成长都是不利的。

做父母的想要说什么孩子都愿意听、都能照做，前提是要能够建立良好的亲子关系。

1. 尊重孩子，平等沟通

所谓的尊重与平等，不只是口头上说说，而是要体现在生活细节中。认真对待他们讲的话，哪怕你觉得有些幼稚；全身心投入到和他们的互动当中，而不是想着"我的工作有多重要"。

亲子互动时，父母一定不要以大人自居，只关心自己觉得重要的事情。而是要能够把孩子看成和自己平等的个体，只有在尊重的基础上进行的沟通，才能被称作互动。

2. 重视孩子的兴趣

在费曼小时候，他的父亲会经常带着他去逛博物馆，回到家还会拿出相关的书籍，绘声绘色地讲给他听。

对费曼来说，这个过程就是他对科学产生兴趣的启蒙，他回忆说："在那段时间里，完全没有压力，只有亲子间可爱又有趣的讨论。"

这样的引导方式，让费曼对阅读和科学产生了浓厚的兴趣。很快费曼就开始自己阅读科普读物，还会主动寻找与阅读内容相关的书籍，进行内容拓展，甚至还对照着课本，开始自学起了几何。

父母懂得尊重孩子的兴趣，支持孩子发展自己的兴趣，孩子才有可能在自己的兴趣上开出花来。

3. 多引导，少教导

小时候的费曼还多少有点"熊孩子"的特质在身上。比如，他会自制防盗铃来监视父母，会故意让妹妹在自己的实验中触电，会在简易的木箱子里炸薯片。

这放在大多家庭里，早就被骂了，而费曼的父母则是对儿子的探索行为表示支持，甚至还在家里让他建起了自己的小实验室。

另外，费曼的父亲还很注重在思维上引导他。当费曼发现鸟在飞行之后喜欢啄自己的羽毛时，他的父亲就会用提问的方式引导他做更深入的观察与思考。比如，鸟为什么喜欢啄自己的羽毛？又为什么一定要在飞行之后啄？

费曼的父亲与费曼之间这种提问式的互动，既让孩子感知到父母支持自己所做的事情,也能帮助孩子思考,这对费曼后来的思维方式和科研生涯都有着非常重要的影响。

反观我们身边大多数的父母,更喜欢的教育方式是:这样做不好、那样做不对,你应该怎样怎样,无形中把自己放在了一个权威的位置上,拉开了自己和孩子之间的距离。

推荐激发学习动力的三种亲子互动项目

恰当的亲子互动,不仅有利于发展良好的亲子关系,还能够在亲子互动时完成对孩子兴趣的培养和学科教育的启蒙。

1. 亲子阅读

阅读能力对孩子学习能力和学科成绩的影响都是巨大的。随着教育的改革,不只是语文和英语这类文科的学习对阅读能力的要求越来越高,就连数学、物理等理科的简答题、材料题,也越来越重视对阅读能力的考查。

很多低龄孩子的父母经常问我,孩子上幼儿园之前,在家能做哪些启蒙。我的答案一直是,一定要重视亲子阅读。

在孩子幼年时,亲子阅读有助于培养孩子的阅读习惯,并让孩子爱上阅读。随着孩子的成长,父母可以在阅读时,应用费曼学习法向孩子提问,以此引导孩子去思考、总结与吸收。

孩子上学后,除了学校要求的必读书目外,父母可以选择一些名人传记类的图书,进行亲子阅读。

这时,除了单纯地读书外,还可以引导孩子在名人身上寻找正面特质，通过阅读名人传记找到自己的目标和榜样。当孩子感受到榜样的力量，想要激发他的学习动力，就不是什么难事了。

现在市面上可以用来做亲子阅读的书籍有很多，家长们经常会纠结于如何选择。

事实上，只要是出自正规的出版社，内容都是可以的。而且我们的重点也不是关注哪本书一定就优于其他书籍，而是在于父母在阅读时对孩子思考能力的启发和引导。

2. 数感游戏

我们家最常玩的数感游戏是24点。所谓24点，就是运用加减乘除四则运算，让数字间计算的结果等于24。比如在外出遇到堵车，孩子非常烦躁的时候。孩子爸爸此时会指着路上的车牌号，跟孩子玩24点。

经常练习24点可以提高思维灵活性，培养数感，对提高计算水平也很有帮助。巧算24点，能极大限度地调动眼、脑、手、口、耳多种感官的协调性，对提高孩子的反应能力也很有帮助。

父母也可以用这些数字小游戏上的成就感，激发孩子关于数学学科的学习兴趣。有了成就感，有了信心和兴趣，还怕孩子不能产生学习的动力吗？

除了24点外，生活中还有很多有利于激发孩子数理思维的互动方式。外出游玩时，让孩子多观察物体的形状，可培养孩子数形的概念；外出就餐时，可以让孩子感受排队号码大小和等位时间长短之间的关系。

对更小的孩子来说,在家吃水果时,简单地数水果的数量,比较水果的大小,都是可以的。只要留心,生活中这类小游戏随处可见。

2018年《最强大脑》节目有一个年仅12岁的参赛选手孙奕东。他在比赛中表现出了惊人的观察力、记忆力和逻辑思维能力。

赛后有人采访孙奕东的妈妈,问她是如何培养孩子,又是如何给孩子做思维启蒙的。他的妈妈就提到了要在生活中锻炼孩子的思维。

她回忆说,孙奕东4岁的时候有一次过马路,那时天津的红绿灯没有倒计时功能,他们俩就讨论是红灯时间长还是绿灯时间长。

妈妈想当然地说,红灯绿灯的时间一样长,可孙奕东说他观察后发现红灯的时间等于绿灯加黄灯。

过马路这个行为大家都不陌生,但能否巧妙地利用等红灯那一两分钟,就要看家长们是否足够用心了。

3. 挑战有难度的任务

人在一生中少不了失败与挫折,谁都不可能一直一帆风顺。只有学会接受和正确对待失败与挫折,才能从中总结经验;也只有当我们能够从失败和挫折中走出来,才能够不惧怕失败与挫折。

亲子互动时,父母可以带着孩子去挑战一些有难度的任务,当孩子遇到挫折或失败的时候,父母要告诉孩子,你理解他失败的感受,也曾经经历过失败。然后陪他一起分析失败的原因,同时也要让他知道失败并不是一件坏事，在寻找解决方案的不同过程中，都会有意外的收获。

然后，和孩子一起找到解决问题的方法。

我的一个学生家长，她特别喜欢带孩子去远足，大多情况下他们会找专业的教练带队，选择孩子完成起来不会太难，但又不会太轻松的路线。

在远足前也会做好家庭分工，让孩子承担一部分责任，比如让他负责带地图、负责走在队伍的最前面等。在远足过程中还会带着孩子有意识地去收集一些落叶，或者用相机记录之前没有见过的花花草草。

在锻炼孩子耐受力的同时培养着孩子的责任心，并激发着孩子对大自然的热爱，一举多得。

在孩子的学生生涯中，难免会遇到失败与挫折，考试没考好、成绩不理想、学习遇到瓶颈都是常有的事。

没有学会如何应对失败的孩子，往往会被困难吓倒，瞬间失去了学习的动力。而有过成功经验的孩子，父母是可以用成功经验作为例子，让孩子找到信心，无惧困难的。

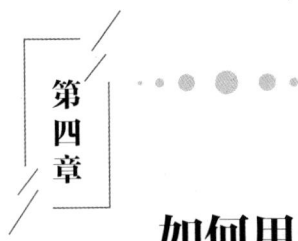

第四章 如何用费曼学习法提升孩子的学习能力

每个人都希望可以投入更少的时间和精力，取得更好的学习效果。所以有人研究学习方法，有人寻找学习的捷径。但学习没有捷径，只有从提升自身的学习能力入手，配合适当的学习方法与教育规划，才能达到事半功倍的效果。

一、提升学习能力的三个关键

我在长期的咨询和一对一实践中发现，那些看上去学习毫不费力，还能成绩优异的孩子们，有三个共同的特点。

一是他们都有一套适合自己的学习方法，二是他们无论学什么都能够按照完整的学习闭环来执行，三是他们几乎从不拖延、行动力极强。

优化学习方法

我曾遇到过一个初中生，从小学开始，学习就一直特别用功。小学的时候名列前茅，是各科老师口中的好学生，是同学家长口中"别人家的孩子"。

在刚上初一时，他的成绩也还不错，但从初一下学期开始，这个孩子开始感到学习越来越吃力。到了初二上学期，成绩开始出现明显下滑。

因为成绩的下滑，孩子开始从自己身上找原因，觉得是自己不如别人聪明，所以要投入更多时间、更努力才行。

开始孩子的妈妈特别支持，也很有信心，觉得孩子只要再努力一些，追回来就好了。可看着孩子越来越疲惫，成绩却一直没什么起色，孩子妈妈也开始有点着急，甚至觉得有些焦虑，刚好看到了我的咨询视频，就找到了我。

在和孩子沟通的过程中，我给孩子讲了费曼在普林斯顿读研究生的故事。那会儿在普林斯顿大学研究生院的食堂里，有很多不同的小圈子，每个圈子都在聊着各自领域的话题。

费曼是个闲不住的人，他每两周就会到不同的圈子去参与讨论，了解不同领域的专业知识。他还因此收到了生物系同学的邀请，一起学习细胞生理学的课程。教授要求费曼要和其他学生一样完成课程作业，递交书面报告。

在学习细胞的时候，他不理解什么是卵磷脂，就向同学求助。同学给他的回答是："所有有生命的东西，植物和动物都一样，都是由跟小砖头似的东西构成的，那叫'细胞'……"

听到同学的概念背诵，费曼有点不耐烦，又问了一句："什么是卵磷脂？"

因为他发现同学只是机械性地记背了书上的概念，并没有真正地理解到底什么是"卵磷脂"，甚至连"细胞"是什么也无法用自己的语言说出。

后来费曼在分析一篇关于神经脉冲的论文时，为了搞清楚猫的伸肌、屈肌、腓肠肌等肌肉都在什么位置，还跑去图书馆向图书管理员要"猫地图"。同学们还因此嘲笑他，觉得他的行为太过荒诞。

但在费曼看来，只要找到一张所谓的"猫地图"，把肌肉的名字与具体位置相对应，用更适合生物学科的学习方法，理解性地学习和记忆，效果要远胜于死记硬背。

孩子听完这个故事之后告诉我，他从知道要好好学习开始，就一直在努力地记背所有内容、不停地练习。从来没有人告诉他各个学科应该用什么样的方法学习。

之前用这种"记背＋刷题"的方法，成绩一直不错，就一直用下来了。小学的时候还没什么，可到了初中才感觉，自己学得又累，效果又不明显。

看到孩子意识到了关键问题所在，我开始给他讲各个学科的学习特点。这里我们只介绍各个学科最典型的特点，具体的学科学习方法，在本书最后三章我们再展开讲解。

数学和物理，逻辑性强，基础的概念公式和定理是一定要做好理解和记忆的，然后才是做题巩固，最后才能熟练运用。但是在做题的时候，不是死记硬背哪道题目用哪个知识点、对应什么解题步骤，而是要把不同的题目放在一起对比分析、总结归纳，这样才能达到举一反三的效果。

英语和语文的学习，想要基础题不丢分，上课的笔记一定要记好，字词、单词都要做好记背，练习则是按模块去做比较好。

对于生物和地理的学习，图形很重要，就像费曼会用"猫地图"去辅助理解肌肉分布一样。生物的学习，要弄清楚人体的结构图；地理的学习，要弄清楚地形图。重要的图示信息，要能在空白图上填出来。

政治和历史的学习，基础记背很重要，另外还要了解答题模板和标准的学科语言。

学科的特点不同，学习起来自然也不能用完全相同的方法，都是死记硬背，换了谁都学不好。

搭建学习闭环

在咨询中我见过很多孩子的妈妈，孩子成绩一下降就焦虑、慌乱，然后就开始找老师、加学习任务、买教辅资料。可是安排得越是紧凑，孩子越没有时间停下来去复盘反思到底是哪里出了问题。

事实上，过目不忘只是极小概率的情况，对绝大多数人来说，任何知识的学习至少都要包含学习、复习和练习这几个步骤，否则学了就会忘。

如果前面的还没吸收、巩固好,就加上了后面的内容,学习的状态就是慌慌张张地赶进度,结果是学了后面的忘了前面的,到最后什么都留不下。

对孩子们来说,最好的学习节奏是课前有预习,课上认真听,课后有复习,还能认真完成作业和适度的练习,形成一个完整的学习闭环,这也是在孩子的学习生涯中,最需要养成的一项习惯。

这部分内容我们在前面也有介绍,这里再来做个简单的回顾与总结。

1. 课前预习

每次说到预习,都会有孩子妈妈问我说:"自己都学会了,上课还听啥?"这话听上去没什么错,但却搞混了预习和提前学的差别。

预习的目的不是要自己提前都学会,而是提前熟悉课本内容,了解老师将要讲的是什么。搞清楚在这一节、一章,甚至是一学期的学习内容中,哪些是自己很容易就能理解吸收的,哪些是自己学习中的难点,哪些是教材中的重点、整个学科的重点,上课时有侧重地去听,可以极大提高孩子的听课效率。

在具体预习时,孩子也要能够根据学科的不同特点,采取不同的预习方法。

语文和英语的预习,重在字词和文章,尽量多记背生字、单词、古诗词和课文。对于课文中不理解的部分,要做好标注,上课时再重点听老师的讲解。

数学、物理和化学等理科的预习,需要更为细致地阅读和研究教材中的内容,如果时间允许的话,最好能动手摘抄书上的概念、公式和定理,以及做一些简单的例题和习题,以检验自己掌握的程度。找到没有理解的重点和难点,记录在预习本或标注在书上,为上课听讲提供参考。

史地政生的预习,能够熟悉课本,在理解的基础上进行记忆就可以,不需要额外练习。只要把不理解的部分标注出来,上课时着重听讲即可。

2. 课上听讲

听课是孩子学习中最重要的一环,孩子的生活习惯、听课习惯、预习习惯等都会对听课的效果产生影响。从习惯的角度来说,充足的睡眠、良好的作息、端正的听课态度、充分利用预习,都有助于提高孩子的听课效率。

从听课实操的角度来看,认真记录课堂笔记,总结老师讲课的规律,找到一套适合自己的高效笔记方法,是可以有效帮助孩子提高听课效果和课堂知识留存率的。

具体来说就是,要重视开课的前五分钟,每节课刚开始时,老师都会介绍本节课的重点内容和讲课的总体思路,这时要注意听老师话语中的关键词,有助于帮助孩子快速锁定听课重点。

听课时要把注意力放在听课上,跟着老师的节奏积极思考,有不理解的点,下课要及时找老师答疑。

结合学科的特点来看，各科听课重点具体如图 4.1 所示。

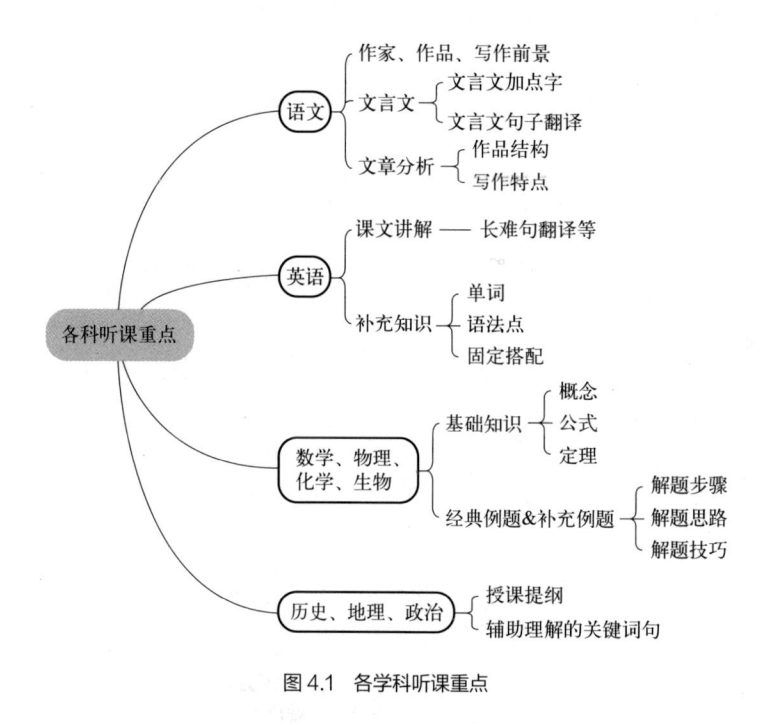

```
各科听课重点
├── 语文
│   ├── 作家、作品、写作前景
│   ├── 文言文
│   │   ├── 文言文加点字
│   │   └── 文言文句子翻译
│   └── 文章分析
│       ├── 作品结构
│       └── 写作特点
├── 英语
│   ├── 课文讲解 —— 长难句翻译等
│   └── 补充知识
│       ├── 单词
│       ├── 语法点
│       └── 固定搭配
├── 数学、物理、化学、生物
│   ├── 基础知识
│   │   ├── 概念
│   │   ├── 公式
│   │   └── 定理
│   └── 经典例题&补充例题
│       ├── 解题步骤
│       ├── 解题思路
│       └── 解题技巧
└── 历史、地理、政治
    ├── 授课提纲
    └── 辅助理解的关键词句
```

图 4.1　各学科听课重点

语文要记录老师对作家、作品以及写作背景的介绍；文言文的解词、翻译要对照位置写清楚；记录老师对作品结构、写作特点的分析。

英语要能记录长难句的翻译，以及老师补充的单词、语法点、固定搭配等。

数学、物理、化学和生物，要记录书上没有的概念、公式、定理，书上有的就在书上划重点；记录老师明确的解题步骤、解题思路、解题技巧，老师讲解的经典例题和补充例题。

历史、地理、政治要将老师讲授的提纲全部写下来，还要记录辅助理解课文的关键词句。

3. 课后复习

对于考试来说，复习的目的就是提高对知识点的掌握度和熟练度，那么已经掌握的可以通过复习再次加深印象，确认已经很熟练的可以在考试前减少复习时间，将复习的重点放在薄弱点和难点上。

但从根本上来说，复习应该是贯穿整个学习过程的一个必要环节，而不应该只为了考试才去做。复习从实际操作上看，主要有三个关键点，具体如图 4.2 所示。

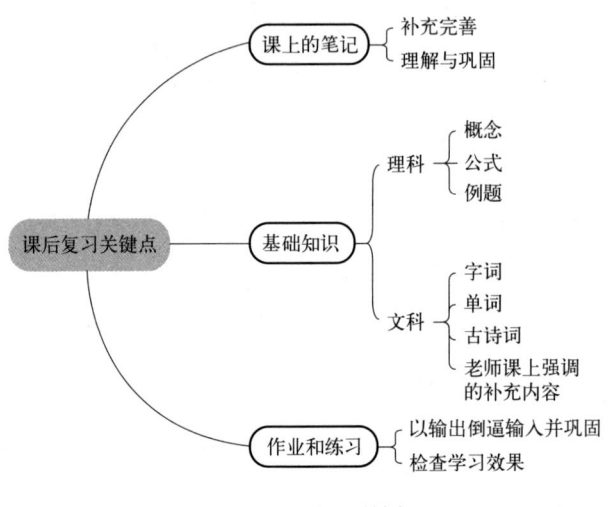

课后复习关键点
- 课上的笔记
  - 补充完善
  - 理解与巩固
- 基础知识
  - 理科
    - 概念
    - 公式
    - 例题
  - 文科
    - 字词
    - 单词
    - 古诗词
    - 老师课上强调的补充内容
- 作业和练习
  - 以输出倒逼输入并巩固
  - 检查学习效果

图 4.2　课后复习关键点

一是要复习当天课上的笔记，把不完善的地方及时进行整理和补充。在复习笔记的同时，也要尝试用费曼学习法，把当天所学内容讲给自己听。记不清楚、讲不明白的地方，就是需要投入精力再重新学习的地方。

二是对于理科中的概念、公式和例题以及文科中的字词、单词、古诗词和老师课上强调的补充内容，在已理解的基础上，要动手写一写，顺便给自己讲讲，理科中的公式、定理是做什么用的，文科的古诗词、课文、单词是什么意思。

三是认真完成作业和练习，对中小学生来说这是输出倒逼输入的主要途径，也是检查学习效果的重要手段。

我知道，很多孩子都不太重视日常复习，更习惯把复习任务放在考试之前。时间充裕就复习得充分一点，时间紧张就会显得有些慌乱。成绩也会因此忽高忽低。所以，我更建议孩子们把复习的环节常态化，找到适合自己的节奏，这样才可以学新不丢旧，复旧更得新。

4. 作业和练习

作业和练习是学习闭环中的最后一个环节，孩子们在面对各种题目时，经过自己的思考，将课上所学转化成解题的思路与方法，是对知识点学习情况的检验，也是通过输出倒逼孩子们加深对知识点理解的过程。

对家长们来说，这是整个学习闭环中最容易看到执行情况的环节，需要提示的一点是，无论作业是否简单，都要重视，那是最贴近知识重点的内容，也是孩子们考试中拿到基础分的重要保证。

还有很重要的一点是，无论作业与练习的正确率如何，哪怕错误非常多，父母也不要急着批评和否定孩子。作业与练习本就是通过输出，帮助孩子们发现问题的一个过程。

发现问题的目的不是批评或指责孩子没有做好，而是要通过错误，知道是哪里做得不好，之后加以改正。

父母接受孩子学习上出错，孩子才能接受并正确对待学习上出现的错误。而不是因为害怕犯错而逃避做题，或是想尽办法推脱责任。

提升行动力

我经常听到一些孩子妈妈跟我抱怨说，学习方法没少了解，学习计划订了一个又一个，可孩子要么不做，要么还没做几天就放弃了。

说到底孩子终归还是孩子，你给他讲什么延迟满足、分析当下行动的意义其作用并不大，不是理论不对，而是道理太大了，很难让孩子觉得和自己有关。而现实生活中，游戏、视频、聊天软件，比学习更轻松、更快乐，能够看到即时反馈的事情那么多，凭什么孩子们就一定要懂事，一定要热爱学习？

家长们要清楚，孩子们没有成年人那么成熟的心智，也没有那么长远的目光。想要提升孩子们的行动力，正确的引导，比讲道理要有用得多。具体如图 4.3 所示。

```
提升行动力 ─┬─ 从微小的任务开始 ─┬─ 降低任务门槛
           │                    └─ 立刻开始行动
           │
           └─ 肯定过程而不是盯着结果 ─┬─ 从过程中找原因
                                    ├─ 从过程上做改变
                                    └─ 充分肯定过程中的努力
```

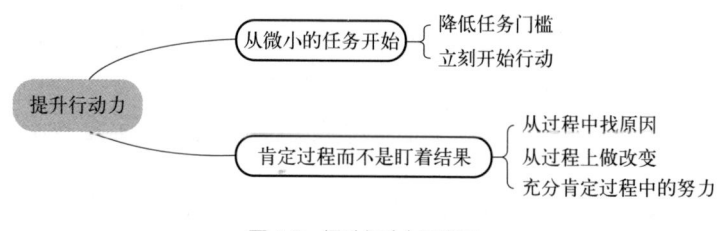

图 4.3　提升行动力示意图

1. 从微小的任务开始

一位心理学家在为慈善机构募捐时，在演讲结尾加了一句"哪怕只捐一分钱也好"，结果整场募捐所得到的钱物比以往多了一倍。而且这句话的作用在以后的募捐中屡试不爽。心理学上把这种现象叫作"门槛效应"。

《微习惯》一书中也曾提到，想要养成一个习惯，就从极其微小的行动开始，行动要小到几乎不用费力。比如，你想要养成健身的习惯，那么就可以从每天 5 个深蹲开始；想要养成读书的习惯，就可以从每天读书 1 分钟开始。

把这个原理用在提升孩子的行动力上，就是先降低任务的门槛，让孩子先迈出一小步，再鼓励孩子开始行动就会容易得多。

想要孩子立刻行动起来，就不要从"先背完 50 个单词"开始。而是要从背 1 个单词入手，降低任务的难度，降低孩子的心理负担。从 1 个，到 5 个，再到 10 个、20 个，逐步增加背诵量，每次增加背诵任务后，都要记得给孩子正向的反馈，增强他在做这件事情中的成就感，让成就感推动他继续挑战。

在孩子养成习惯之前，要想让他立刻开启一天的学习任务，可以让他尝试"先做10分钟"，告诉他10分钟后如果不想做了，就可以立刻去休息。但通常情况下，只要不是孩子非常排斥的学习项目，10分钟足够让他们进入学习状态，忘记了时间的限制。

2. 肯定过程而不是盯着结果

"我就是不想做数学，每次做完都会有错题，一错妈妈就会批评我，我不想做错，更不想被批评，我还不如不做。"这是一个三年级男孩对我说的话。

现实中有一些孩子不喜欢开始行动的原因是，不管自己做成什么样，父母都能从中挑出毛病，好像自己怎么做都做不好。反正都会被批评，那还不如不做。

就拿做错题来说，父母关注的重点是，为什么就是学不会，说出口的就是："怎么这都能错""为什么总是做错"。

而孩子们面对一错再错的题目，他们自己也会觉得很挫败、很无助，他们并不需要谁来告诉他们做错了，而是更希望有人告诉他们为什么会错，怎么做才不会再错。

这时如果父母能陪着孩子，关注到他们过程中做得好的地方，给出正向反馈；分析出错的原因，给孩子讲解正确的解题思路和解题方法，效果就会好得多。需要注意的是，不要觉得你讲了孩子就会了，可以让孩子自己再说说他们的理解，看看是否有偏差。

结果只有对错之分，过分关注结果，会在无形中增加孩子学习的压力。而当我们把注意力从结果转移到过程，充分肯定孩子在其中的努力，帮他纠正过程上的偏差，做错也就没有那么可怕了。

二、提升时间管理能力

对孩子们来说，父母的学习辅导能力不同、家庭的学习环境不同、能接触到的教育资源也不同，唯一公平的就是时间。但因为孩子们时间管理的能力不同，这唯一公平的资源，对每个孩子来说，效用又是完全不同的。

中小学生的时间管理逻辑

我在一对一咨询时，遇到过一个北京初二的学生，学校作业是出了名的多，平时每天光是写作业就要写到晚上十一二点，根本没时间安排自己的事。也就每周到了周末能有一天左右的时间用来安排自主学习。但一周忙下来，家长也不舍得把孩子的时间排得太满，又或是强迫孩子去做一些不想做的练习。

所以在没有考试的情况下，大多时候会在周末给孩子两个小时的休息时间，其余时间完全按照孩子的意愿去进行练习。有考试的情况下，就是哪科成绩掉下去了，集中补哪科。到了下一次考试发现，投入时间的科目成绩上来了，其他科目又掉下去了，然后再把时间投入到成绩下降的科目上。整个就是"按下葫芦浮起瓢"的状态。孩子累得够呛,结果哪科成绩都不稳定,各科分数忽高忽低,总体成绩毫无起色。

我问孩子觉得问题出在哪,他告诉我说:"我总觉得我不是不会学习,只要学一学,成绩就能提一提,可问题是我没有那么多时间,没办法把每个科目都照顾到。"

确实,孩子的主要问题是出在了时间管理上,没有搞清楚如何在各个学科中合理分配时间,让时间管理真正为成绩提升服务。

关于时间管理,我相信大家都不陌生。番茄钟、to-do list、四象限法……每个人都能随手列出几个,我在咨询中也遇到过想要努力把时间管理方法用在孩子身上的家长。可结果大多是不了了之了。

其实,不是方法不好用,也不是孩子不配合,而是我们没有针对孩子的日常学习生活用对时间管理方法。没让时间管理为孩子的总体规划、学习目标和学期目标服务。简单来说,孩子们的时间管理,要能帮助孩子在合适的时间做合适的事,同时能帮助他们兼顾好学校的学习要求和自己培优或者补差的需求,找到适合自己的节奏,有序学习,在期中、期末大考前能帮助他们更好地安排时间查漏补缺和复习,这才是将时间管理应用好的状态。

在我给孩子们做学习规划的过程中,会把孩子们的时间管理分为大循环、中循环和小循环三个层级。大循环是长远规划,中循环是学期目标,小循环是执行落地,三个循环环环相扣。具体如图 4.4 所示。

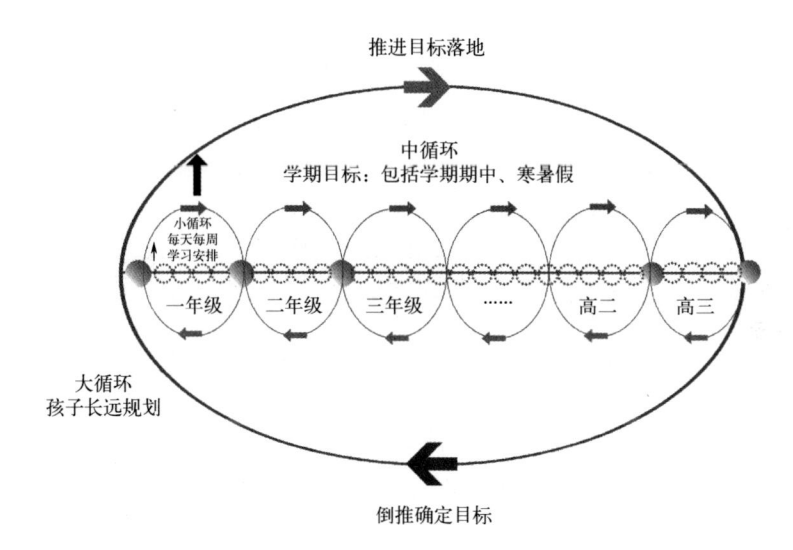

图 4.4　时间管理三大循环示意图

中小学生时间管理的大循环

在中小学生的时间管理中，大循环是指孩子们的长远规划，比如要不要出国读书、要不要走竞赛路线等。这些都需要家长根据家庭的实际情况、孩子的学习能力、孩子的性格特点等制定一个大的目标。有了大目标之后，才能倒推回来看，每个阶段、每个学年要完成怎样的学习任务，才能确保大目标的达成。

从升学的角度来看，孩子们大循环的目标可以归为三大类：出国读书、强基和竞赛以及国内高考。具体如图 4.5 所示。

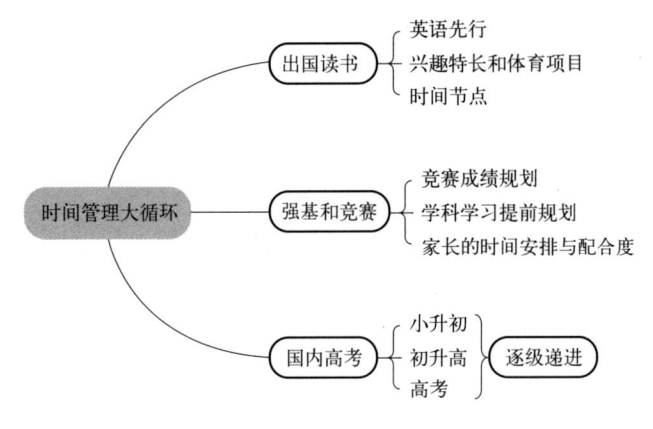

```
                              ┌─ 英语先行
                    ┌─出国读书─┼─ 兴趣特长和体育项目
                    │          └─ 时间节点
                    │
                    │          ┌─ 竞赛成绩规划
   时间管理大循环 ──┼─强基和竞赛┼─ 学科学习提前规划
                    │          └─ 家长的时间安排与配合度
                    │
                    │          ┌─ 小升初 ┐
                    └─国内高考─┤  初升高 ├─ 逐级递进
                               └─ 高考   ┘
```

图 4.5 中小学生时间管理大循环

1. 出国读书

对于想要出国读书的孩子，大学的目标大多是进入常春藤大学，或者进入世界排名前百的学校。那从这个目标倒推回来，就涉及另一个选择，孩子打算什么时候出国？是出国读高中，还是本科？这个问题的答案，会直接关系到孩子小学和初中的学习规划和努力目标。除了学科学习外，想要出国读书的孩子，还需要兼顾兴趣特长、体育项目的培养，要加强英语的学习，要更侧重孩子的创新和科研能力，注重社会实践，生活上也要更加独立。

2. 强基和竞赛

对于想要走强基计划和五大学科竞赛的孩子，从升学路线上来看，初高中就要努力进入偏重竞赛的重点学校。而这就要求孩子们要尽早开发数学思维，小学时就要能够参加奥数学习，并取得相应的奖项。同时，因为日后的竞赛学习，会占用孩子们大量的时间和精力，那么对于各个学科的学习节奏，就需要有一个更为科学、合理的规划。

最适合的方式是，趁小学还有时间，努力提升英语成绩，尽量多积累单词，提升英语的刷题难度，争取在小学结束时英语达到中考水平，初中结束时英语达到高考水平。这样一来，等到竞赛压力升高时，就能通过压缩英语的学习，腾出更多时间。

之所以会选择英语，是因为三大主科中，语文需要长期持续积累才能看到效果，数学逻辑性、接续性都比较强，需要随着孩子的成长逐步提升综合性和难度。而英语相对来说，只要打好单词基础，跟住校内学习，再配合适当的练习，就能够有不错的成绩。

在做好学科准备的前提下，孩子们才有可能依托学习竞赛或者参加强基培训，高考时通过降分录取进入清北或者 985 大学。

需要提醒的一点是，在学科竞赛的学习上，不只是孩子们，家长也要投入相当大的时间和精力。比如小学奥数刚入门时，大多数孩子还是需要家长陪一程的，陪着上课记笔记、练习时难题的指导与点拨，这些付出家长也要充分考虑。

3. 国内高考

对于目标就是国内高考的孩子们来说，从小学到初中，再到高中，目标一直都是提升应试成绩。那么，孩子每一步的学习，都要能够贴近校内和考试。

幼儿园和小学低年级时可以广泛涉猎各种兴趣爱好，但到了小学三年级后，兴趣类学习上投入的时间要逐渐减少，到了三升四的阶段，最多留下 1～2 项，其余的时间都须投入到应试的提升上。

一般要求比较高的孩子，会在小升初之前，预习完七上数学的知识点；语文的字词和必背文言文都能达到会背会默写的程度；英语的单词要背到中考水平，在小升初的暑假完成初一上册的课文背诵。这样到了初中后才能有比较顺利的过渡和衔接，不至于出现成绩的波动。

这样的规划就是始终将孩子的学习进度比学校的学习进度提前一学年或者一学期，在中考前，可以提前一年开始进行总复习。学习能力更强一些的孩子，还可以提前把高中英语单词，以及高中必背文言文全部完成背诵和默写。

关于国内高考的具体学科学习方法和规划，我们会在本书最后几章做详细的讲解。

以上三种情况，代表了大多数学生和家庭的选择，相信到这里你也看出来了，不同的大目标对应不同的规划，具体到每一个学龄段、每一个学年，也要有不同的安排和选择。

大循环就是起这样一个指明方向，确定重点的作用。

中小学生时间管理的中循环

在中小学生的时间管理中，中循环就是孩子们一个学年的规划，包括学期中要达到哪些学习目标、完成哪些学习任务，寒暑假要如何确定学习的重点为下学期的学习做好准备。

中循环的规划，既要能够为整个学期的学习服务，又要能够为大循环的目标提供支撑。所以，需要厘清重点、分清层级，有重点、有目标，逐步推进。

具体来讲，假期适合做三件事，一是调整学习习惯，二是对上学期所学的知识进行复习，三是针对下学期的学习内容开展预习。具体如图 4.6 所示。

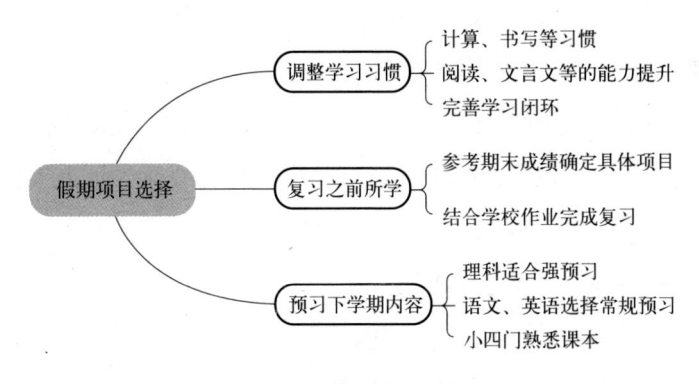

假期项目选择
- 调整学习习惯
  - 计算、书写等习惯
  - 阅读、文言文等的能力提升
  - 完善学习闭环
- 复习之前所学
  - 参考期末成绩确定具体项目
  - 结合学校作业完成复习
- 预习下学期内容
  - 理科适合强预习
  - 语文、英语选择常规预习
  - 小四门熟悉课本

图 4.6 假期规划项目选择

学习习惯这件事儿，很多孩子们不太重视，而且经常是任务一多就变得更为随意，赶上什么就先干什么。家长发现后就会说："说了多少遍怎么就是改不了？"这样一来，孩子的情绪也会受影响，可能还会拌两句嘴，最后习惯改没改不好说，时间就这么给耽误了。

所以在假期复习要结合两个点，一是期末考试成绩，二是学校的假期作业。期末考试是查漏补缺的重要环节，试卷中暴露出的问题，假期一定要安排时间补上，以免越往后拖、问题越多。

另外，学校一定都会安排假期作业，这也是孩子们假期中必须完成的任务，让自己的复习计划与学校作业打好配合，将假期作业的效用最大化，也能提高时间利用率。

至于预习，要根据学科的特点进行安排。数学、物理一类强逻辑的科目，在寒暑假提前深度预习，除了记背概念、公式、定理外，还可以适当进行练习巩固，这样到了学期当中，除了紧跟学校做好作业之外，还能有时间精选一些拓展题进行练习，或者是强化一下学得不好的专项知识点。

语文、英语这种强记背类型的科目，在寒暑假只做背默单词和课文等基础预习就可以。这样在学期当中，能够把背默内容的时间节省出来，用来做能力提升部分的练习，即：语文的两大难题阅读理解和文言文的专项练习。

学期中最重要的是重视校内学习，完成学习闭环，再用小循环做好学习任务的拆解，将计划落实到每一天。

我曾经带过的一个孩子，来的时候是初一下学期，语文、数学、英语三大主科的成绩非常平均，没有优势科目，总体排名也在班级的中等。

孩子妈妈的目标是，能够参加重点高中的提前招生。参加的前提条件是，必须进入年级排名的前60。相比这个目标，孩子目前的成绩还相差很多。

对于这样的情况，我给孩子的规划是，首先稳定史地政生的学习。小科只要上课认真听讲，找好节奏，相对容易提分，并且四门分数加起来对提升总排名很有帮助。

在稳定史地政生成绩之后，保持当前的数学成绩，优先提升英语成绩。原因是英语是一个只要勤奋就能看见成绩提升的科目。只要肯下功夫背单词、背课文，加上阅读理解和完形填空的练习，提分的速度会非常快。有了一个进步的点，孩子的自信心、学习动力都能被激发出来。

在史地政生的学习上，我要求孩子，每天根据课程表，下课回家背诵当天所学知识点。学得较好的生物和地理，在周末的时候除了复习，再加一点练习。历史、政治这两科，采取晨读和晚背的方式，每天记背知识点。早上早起15分钟读政治，晚上睡前背历史。

通过每天和周末的记背，再加上提前预习的方法，经过一个学期的学习，孩子的小四门总成绩排名前进了100多。原来就比较好的生物和地理，两科一共提升了11分。原来比较弱的历史和政治，加在一起提升了26分。

英语先是砍掉了课外班，在家踏踏实实地按照老师的要求背单词、背课文，每周末做阅读理解和完形填空的练习。期末考试之前提前一个月背诵作文范文并进行默写。到了期末考试的时候，孩子的成绩从原来的103分提升到了114分（满分120分）。

孩子看到自己的进步，重新找到了学习的信心，更加主动地学习；并且主动询问我数学和语文的学习方法，决定仿照英语的进步模式来努力提升。孩子妈妈也不再每天焦虑，放心了不少。

大循环是中循环的前提，有了大循环的规划和目标，中循环的时候就可以根据目标把任务拆解到每个学年、每个学期，之后就是小循环的落地执行。

中小学生时间管理的小循环

中小学生时间管理的小循环，是指孩子们每周的学习安排，任务要具体到周中和周末的每一天。说到这就不得不提到两件事，日清和周清。具体如图 4.7 所示。

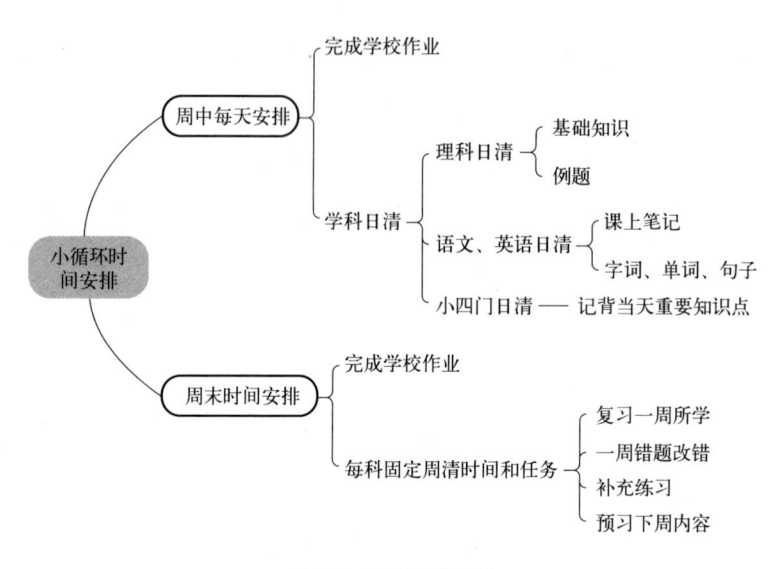

```
                    ┌─ 完成学校作业
       ┌─ 周中每天安排 ┤
       │            │              ┌─ 基础知识
       │            │        ┌─ 理科日清 ┤
       │            │        │          └─ 例题
       │            └─ 学科日清 ┤
       │                     │              ┌─ 课上笔记
小循环时              │        ├─ 语文、英语日清 ┤
间安排 ┤                     │              └─ 字词、单词、句子
       │                     └─ 小四门日清 ── 记背当天重要知识点
       │
       │            ┌─ 完成学校作业
       └─ 周末时间安排 ┤
                    │                        ┌─ 复习一周所学
                    │                        ├─ 一周错题改错
                    └─ 每科固定周清时间和任务 ┤
                                             ├─ 补充练习
                                             └─ 预习下周内容
```

图 4.7　小循环时间安排

日清是指每天放学回家之后，孩子要把当天在课堂上所学的知识，都复习巩固一遍。不管是语文、数学、英语三大主科，还

是物理、化学，又或者是史地政生，日清都要做。主科的日清主要是，做作业前一定要复习当天学的概念、公式、定理。小四门的日清就是记背当天所学的知识点，放学回来花半小时复习和背诵。

周清就是每个周末的时候，把自主学习时间按照学科分块，每个学科安排一块完整的时间进行复习和练习，目的就是对一周所学知识进行复习和总结，加深对知识的理解和记忆。日清是周清的基础，周清是日清的补充，两个相结合，是孩子成绩稳定的有效保障。

有一点需要提示的是，以上我们所说的背诵、复习，不是死记硬背，而是要按照费曼学习法的逻辑，在理解的基础上记忆，如果时间足够，要试着用自己的语言，把所学内容讲一遍。如果想要更侧重应试，也可以通过做题练习来进行检验和巩固。

还记得前面我们提到的那个北京初二的孩子吗，他就是因为没有做好日清和周清而影响了成绩。

其实，想要解决他的问题，从中循环和小循环入手即可。他在来找我咨询的时候，正处于一个学期的中间时段，想要彻底改变当时的学习状态并不容易，我给他的规划重点是，要有取舍。也就是说，学期中时间有限，先集中精力提升1~2个科目，其他科目保持当前的状态，到了假期再来做提升。如果哪科都想照顾到，最后的结果很可能是哪科都没有得到提升。

和孩子商量后我们决定，把英语和数学作为学期中的主要提升科目。因为英语是三大主科中最容易提升的，只要肯下功夫，效果会很明显；而数学是孩子最感兴趣的，孩子说数学的提升会让他很有成就感，于是我们开始了新的学习计划。

第一步，在周末安排预习下周要学的数学内容，这样能够有效提升孩子的听课效率，听课效率高了，课后再做好复习，做作业的速度就会明显提升，作业的正确率也会提高。做作业速度提升了，每天晚上就能节省出时间来背英语单词。作业正确率提高了，周末改错的时间就能减少，这就又给预习和复习腾出了时间。这样一来，孩子整体的学习就能进入一个正向循环。

第二步，在周末安排检查孩子一周单词的背诵情况，增加阅读理解和完形填空的练习，在提升孩子答题能力的同时，让孩子在做题的过程中多见单词。

同时，我在周末还给孩子安排了各个学科的周清任务，因为时间有限，周清的要求相对低一些，只要能够完成一周所学内容的复习和作业的改错就好，以保证其他各科的成绩不会有太大波动。

原本我给孩子定的目标是，用一个月的时间开启循环，然后再增加其他提升项目。可实际上不到两周，孩子就实现了这个循环。于是孩子主动跑来跟我说，想要在周末增加物理的复习，让物理和数学一样循环起来。

孩子的学习就是这样，不断实现一个又一个小目标，他们的自信心、内驱力都会被激发出来，从痛苦、被动的学习状态，转为积极、主动的学习状态。随着一个又一个小目标的实现，大目标终将达成。

在中小学生时间管理三个循环中，大循环是目标，是指引；

中循环是拆解落地，控制重要的时间节点，确保大目标的实现；小循环是具体操作、落地执行，确保中循环的稳定完成。

寒暑假时间管理

寒暑假不同于学期中，除了学习任务外，也要留给孩子足够的时间休息，让孩子调整好状态。我经常会听到有家长问我："杰妈，你这计划是挺好，可这么多学习任务安排下去孩子哪还有时间玩啊？"

借此机会，我向广大家长解释下，我定的计划虽然看起来是不少，但绝不至于让孩子连假期出游和休息的时间都没有。只学习不休息，换了谁都受不了。

假期时间管理的重点就在于，如何合理规划假期时间，让孩子学习和休息两不耽误。

1. 假期时间安排总体原则

总体来说，我们可以把假期划分为休息、复习、预习三个部分来进行管理，把握好重要节点，有序执行，就能获得不错的效果。

（1）假期时间分段管理

我经常会听到妈妈们说，假期计划安排得满满当当，几乎从头忙到尾，孩子抱怨连连，自己也觉得太过"鸡血"，亏欠了孩子。就趁着快要开学时，赶紧安排孩子休息，可这种安排方式会让孩子到了开学无法从放松的状态立刻抽离出来。明明假期没少学习，却在马上开学的时候泄了劲儿。

事实上,假期时间也要分出层次和节奏,在正确的时间做正确的事。将寒暑假分成三段进行管理,分别是假期开始、假期中段和假期后期,具体如图4.8所示。但寒假和暑假略有不同,一是寒假时间较短,二是寒假期间有春节假期,这些我们都要充分考虑。

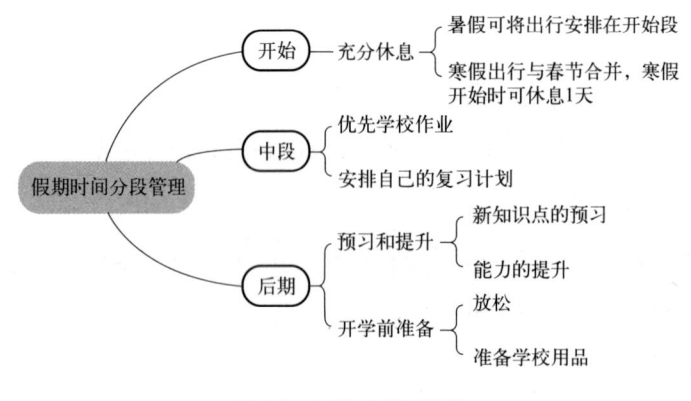

```
假期时间分段管理
├── 开始 ── 充分休息
│               ├── 暑假可将出行安排在开始段
│               └── 寒假出行与春节合并,寒假开始时可休息1天
├── 中段
│     ├── 优先学校作业
│     └── 安排自己的复习计划
└── 后期
      ├── 预习和提升
      │     ├── 新知识点的预习
      │     └── 能力的提升
      └── 开学前准备
            ├── 放松
            └── 准备学校用品
```

图 4.8 假期时间分段管理

每个家庭的习惯不同,家长能休假的时间也不同,所以这里的建议只是从适合孩子学习和休息的角度出发,尽量帮孩子安排好假期。在具体执行上,还是要根据自家情况进行调整。

从孩子的角度来说,经过一学期的学习,他们已经很累了,放假后先适当休息,再开始后面的学习,效果会更好。所以如果没有其他安排的话,孩子的集中休息、外出旅行等项目可以放在假期的前期。

如果没有出行计划，也可以在家补补觉，出去转转看个电影。不要马上给孩子安排学习内容，但要强调作息习惯，早睡早起，不要熬夜。

寒假时间较短，且中间有春节假期，集中休息的时间可与春节合并，假期开始时也可先安排一天的时间休息。

假期中期，要优先安排孩子完成学校的假期作业。而且要尽早完成，防止后面忘记或者遗漏。在开学之前还要留些时间再检查一遍，确保没问题再交。

同时，让孩子开始自己的复习计划，比如说重要知识点的查漏补缺等。一般学校作业都是复习的内容较多，孩子可以在做作业时把自己的复习任务加进去，如果自己的复习内容和学校的作业有重复，就进行合并同类项，不做重复工作，减轻学习负担。

假期后期，在结束了学校作业和复习计划之后，就可以开始预习下一学期的内容和做些能力提升的练习了。这部分需要注意的是关注预习进度，确保能在假期前完成设定的预习目标，另外在开学前需要预留出一些时间，让孩子适当放松休息以及准备学习用品，调整和规范作息时间，同时收心，准备迎接开学。

需要注意的一点是，寒假因为有春节假期，所以除了刚放假第一天，孩子的集中休息、出游时间要安排在春节假期，一是与家长的假期时间重合，无须另外调整工作时间；二是寒假时间本来就短，春节肯定是要休息的，就不用再占用其他时间了。

无论暑假还是寒假，假期三个分段的时间不是平均分配的，休息时间占比会少一些，学校作业、复习、预习和自主练习会多安排一些。

最后还要提醒的一点是，假期当中的体育运动安排一般分为两种：一种是孩子们用来锻炼身体、释放压力、接触小伙伴的；另一种就是有针对性地进行体能练习，提高学校体育考试中比较弱势项目的。不管是哪一种，都一定要提前做好安排。

（2）假期重要时间节点

假期重要的时间节点主要有三个，具体如图4.9所示。

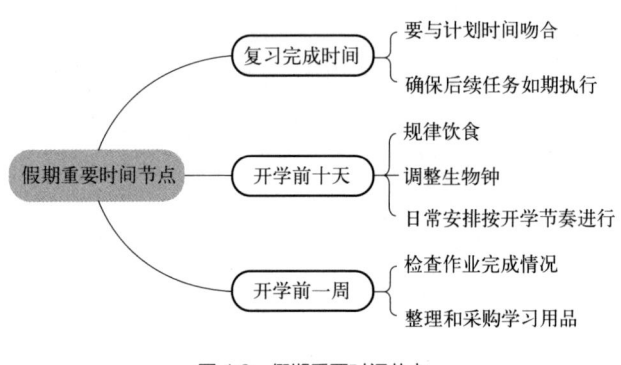

```
假期重要时间节点
├── 复习完成时间
│   ├── 要与计划时间吻合
│   └── 确保后续任务如期执行
├── 开学前十天
│   ├── 规律饮食
│   ├── 调整生物钟
│   └── 日常安排按开学节奏进行
└── 开学前一周
    ├── 检查作业完成情况
    └── 整理和采购学习用品
```

图4.9 假期重要时间节点

第一，复习完成的时间是否跟计划相吻合，如果复习时间过长，会影响后面的预习和练习时间，有可能导致最终完不成全部计划。

第二，开学前十天开始规律饮食，调整生物钟，尽量与上学时的节奏一样。

第三，在开学前一周要确定是否已完成全部学校作业，收拾书包，整理学习用品，有需要的物品尽早购买。

这三个时间节点一定要在日历上做好标记，每到一个节点就检查一下是否和假期计划相吻合，如果出现问题，要及时调整和补救。

(3) 注意事项

在假期计划制订和执行时，需要充分考虑孩子的意愿，并能确保孩子明确地知道计划的执行方式，并定期复盘沟通，才能确保计划的顺利执行。具体如图4.10所示。

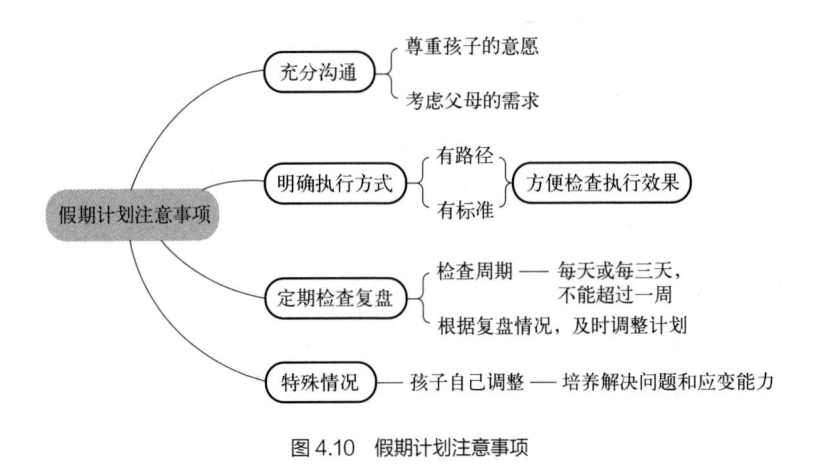

```
假期计划注意事项
├── 充分沟通
│   ├── 尊重孩子的意愿
│   └── 考虑父母的需求
├── 明确执行方式
│   ├── 有路径 ── 方便检查执行效果
│   └── 有标准
├── 定期检查复盘
│   ├── 检查周期 ── 每天或每三天，不能超过一周
│   └── 根据复盘情况，及时调整计划
└── 特殊情况 ── 孩子自己调整 ── 培养解决问题和应变能力
```

图4.10 假期计划注意事项

第一，制订计划时要和孩子充分沟通，确定双方意愿统一。如果只是父母单方面觉得满意，孩子不肯配合执行，再完美的计划也是空谈。可如果只是孩子觉得满意，完全无法服务于孩子的学习目标，也是不够的。

第二，计划表中具体的项目一定要有相应的执行方式，也要有具体的完成标准，用来作为家长判断孩子学习是否有效和是否及时的依据。

第三，根据家庭情况，每天或者每三天，最长不超过一周，定期检查孩子执行计划的情况。如果有完不成或者没做的项目，要及时带领孩子总结和复盘。根据复盘结果，调整后续计划。及时发现、及时调整，才不会让假期时间白白浪费。

第四，有特殊情况时，尽量让孩子自己调整计划，培养孩子解决问题和临时应变的能力。

有效的假期计划一定是能执行并且合理的，所以家长们在做计划的时候不能贪多求全，应选取最需要的项目安排。每日计划时间也不要太紧凑，重要的是学习效率，而不是孩子坐在书桌前多长时间，要根据孩子的生理特点进行安排。

2. 假期每日时间安排

在进行每日时间的具体安排时，优先安排固定时间的项目，比如已经订好的旅游、休息等。之后就是要固定起床和睡眠的时间，不要让孩子熬夜，趁着假期尽量让孩子补充睡眠，确保每天上午的计划能够高效完成。具体如图 4.11 所示。

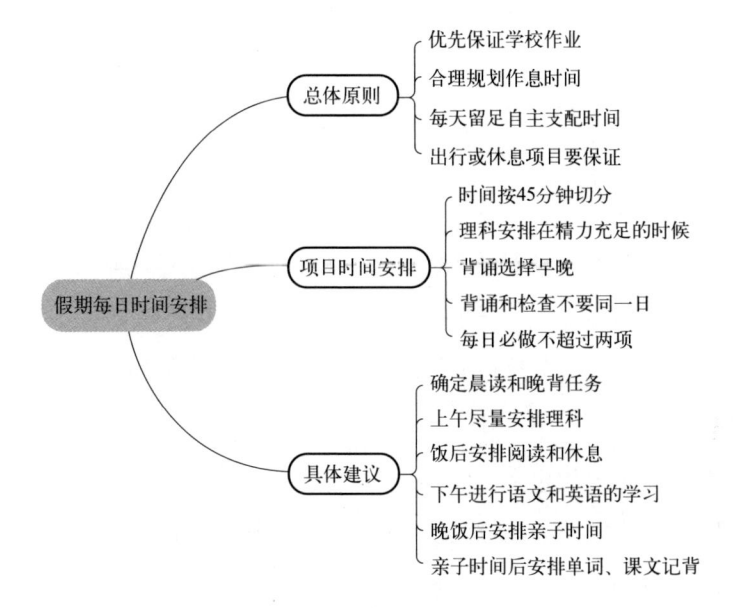

```
                              ┌─ 优先保证学校作业
                   ┌─总体原则─┤  合理规划作息时间
                   │          │  每天留足自主支配时间
                   │          └─ 出行或休息项目要保证
                   │
                   │          ┌─ 时间按45分钟切分
                   │          │  理科安排在精力充足的时候
  假期每日时间安排─┼─项目时间安排┤ 背诵选择早晚
                   │          │  背诵和检查不要同一日
                   │          └─ 每日必做不超过两项
                   │
                   │          ┌─ 确定晨读和晚背任务
                   │          │  上午尽量安排理科
                   │          │  饭后安排阅读和休息
                   └─具体建议─┤  下午进行语文和英语的学习
                              │  晚饭后安排亲子时间
                              └─ 亲子时间后安排单词、课文记背
```

图 4.11 假期每日时间安排

（1）假期每日时间安排总体原则

学校寒暑假作业尽量安排在前面完成，如果中间缺少物品或者遇到困难，后面可以有时间弥补。至少在开学前一周就要核对全部笔头作业、装到作业袋子中，并确定好非笔头作业的完成情况。

保证每天早睡早起，不要养成熬夜的习惯，精神面貌好，早起还能和家长上班的时间相一致，方便解决早餐的问题，也能保证晨读这一项任务的执行。

作息时间方面，不要打乱孩子的作息，否则开学前还需要用时间来调整。假期可以适当晚起半小时但不要太多。也不要因为做过多的练习导致晚睡，充足的睡眠和休息，是孩子身体健康的保证，也是高效学习的保证。每天要安排一定的运动时间调节身体，如果有运动类的课外班也可以，总之要保证每天有体育活动。

另外，一定要给孩子可以自行支配的时间，每天至少1~2个小时。孩子有自己的时间，内心想做的事情能得到满足，学习时才能更专心。如果孩子时间都被剥夺，学习时心里也想着玩，会非常影响孩子的学习效率。

旅游和外出游玩等休闲项目也不能少，可以组织一些有利于亲子关系的项目，比如全家一起外出看电影，近郊游玩，具体可以根据家庭实际情况来安排。

（2）各项目所需时间安排

每日时间安排尽量按照45分钟一节课来切分，成绩好的孩子可以按一小时来切分。要有早读和晚背诵，督促孩子养成良好的习惯，这样到了学期中，早晨和晚上的时间也能合理利用起来。

数学、物理、化学的学习时间要尽量安排在精力充足的时候，语文、英语以及小四门背诵的内容可插大块时间的空隙，比如早晨的晨读和晚上临睡前的时间，不要挤占白天的主要时间耽误太多精力。

背诵英语单词、课文以及语文文言文的时候，相关检查要安排在下一天，比如今天早晨背诵，第二天晚上家长再帮忙检查默写，中间相隔一段时间能够看到孩子背诵后真实的记忆留存情况。

每日必做的项目适当安排，最多不超过两项，比如计算、背单词、背古诗词等，孩子能够坚持做下去最重要。

另外，注意每天一定要有足够的时间阅读，中英文阅读可以分开两天进行。现在的学习，各科对阅读能力的要求都很高，所以阅读的范围要足够广泛、思考要足够深入。四大名著是必读书目，考试会考。文言文的课外阅读和积累是提升语文考试能力的关键。初高中的孩子还要注意关注中国传统文化，多读一些优秀的传统文化书籍，比如《中国古代文化常识》《汉字书法之美》《节气的呢喃与喊叫》等。

阅读不是完成任务，也不可能突击，家长和孩子不能只是为了满足考试要求而读书。孩子们通过阅读，得到的不仅仅是学习的能力，还能从中学习如何为人处世，建立自己的人生观、价值观。

体育运动可以安排在数学学习后脑子比较累的时候，运动完回来洗个热水澡更有助于孩子恢复精力和体力。

（3）具体时间安排建议

关于假期时间安排，有6条基本原则以及一份具体时间划分建议：

第一，规划起床和睡觉时间，确定晨读和晚背的项目；

第二，上午尽量安排理科的学习；

第三，午饭后安排阅读或者每日休息，度过困倦期；

第四，下午进行语文和英语的学习，时间充足；

第五，晚饭后安排全家休闲，有利于亲子关系，或者利用这个时间关注时事政治；

第六，亲子时间后可以进行背单词、语文积累等记背的内容，这时刚好是记忆的黄金期。

3. 假期规划具体步骤

关于假期计划制订，可以参考表 4.1。然后根据如下步骤，把具体项目一项一项填入表中。

表 4.1　假期计划表

时间安排表	星期一/Monday	星期二/Tuesday	星期三/Wednesday	星期四/Thursday	星期五/Friday	星期六/Saturday	星期日/Sunday

每日打卡	1	2	3	4	5	6	7	8	9	10	11	12	13	14	15	16	17	18	19	20	21	22	23	24	25	26	27	28	29	30	31

第一步，列出假期想要提升科目的所有具体项目。比如语文的现代文阅读理解，或者作文，数学预习新学期的知识点等。然后初步定一个目标，这个目标主要是指假期要练习的项目和数量，就是计划大概要做多少，这样方便预留时间。

第二步，根据孩子以往的学习情况，大概预估一下学校假期作业的总量，还有孩子在假期比较大块的休息时间。这两项加起来的时间要先扣去，因为学校的假期作业是必做的，还要优先完成，有些作业比较费时间，比如手抄报，或者画画等。辛苦了一学期，一定要给孩子安排休息和娱乐的时间，比如外出旅游，或者是连续休息。这两块虽然会占用假期的一部分时间，但是必须要做，可以优先安排。

第三步，考虑课外班的情况。如果孩子假期已经确定了要上课外班，那就要再把课外班的时间扣除。如果孩子不上课外班，就不用考虑了。

第四步，在前三步都完成之后，剩下的时间就是孩子假期可以用来自主支配的学习时间。这时候剩下的时间，如果能完成家长给孩子做的计划，那最好；如果时间不够，就需要再调整。这时候家长就要考虑，是减少自主学习的项目，还是缩减课外班的课程。确保假期计划的合理性和可操作性，比什么都重要。

第五步，可以把已经确定的计划项目填入到表格当中。先填课外班的时间，因为这个时间是固定的。然后尽早安排完成学校的作业。再填入孩子的休息时间，最后填入自主学习的部分。

第六步，也是最后一步，调整表格。比如有时间安排不合理的，或者跟其他事情冲突的等。

这份表格做好之后，等到孩子期末考试成绩出来，还要根据试卷分析的情况，看是否有必要调整，才能最后确定具体的假期学科学习情况。

三、提高应试技巧

考试是孩子们升学路上必经的关卡，我们要重视学习的能力，也不能忽视考试的成绩。熟练地掌握并运用应试技巧，可以让孩子们在现有的学习基础上，发挥得更好。

考试考的是什么

我之前带过一个住校的初中生，刚开始他的成绩在班级中等偏下，那个时候考试是让他最头疼的事情。他说每次考完试，看到卷子上一大堆错题，都特别受打击。我也是从学生时代过来的，自然能理解孩子的心情。可孩子毕竟是来找我提升成绩的，只表示理解和安慰是解决不了问题的。

为了使孩子的成绩提升计划更有针对性，我请妈妈把孩子平时的试卷拍给我。以孩子的数学成绩为例，在帮孩子分析试卷的时候，我发现孩子填空、选择等基础题还会丢分，后面简答题经常是写到一半，就直接填了个答案，最终的结果就是，答题思路基本正确，可总是在计算上出问题。

结合试卷情况，再加上和孩子的简单沟通，我基本确定孩子的问题就在于基础知识不扎实，有的概念模棱两可，所以前面基础题答题速度慢，准确率也不高。到了后面的简答题，虽然能想到解题思路，但因为时间不够，所以经常忙中出错。

既然发现了问题所在，接下来的规划自然是围绕着打牢基础开展。刚好赶上疫情，几乎一整个学期孩子都在家上网课，再加上家长居家办公，孩子上课时父母可在不打扰的情况下，在一边观察孩子的学习状态，帮孩子调整听课习惯和记笔记的方式，也可以经常让孩子给自己讲讲课上所学，讲讲对基础概念的理解。很快孩子的数学基础就有了明显的进步，作业质量明显提升。

每次周测后，孩子的妈妈都会按照我给的分析思路，帮孩子分析错题和错因，然后调整学习方法。不到两个月的时间，孩子的数学周测成绩就从 C 提升到了 A+。孩子还悄悄跟妈妈说，有点期待期末考试，想要检验自己的学习情况，证明自己也能学得好。

考试到底在考什么？对孩子来说，考试就是考查对知识点的掌握情况。平时学校的周测也好，期中、期末考试也好，都是对孩子阶段性学习效果的检查。对孩子来说，复习备考的过程，是加深对知识理解的过程。每一次考试，都是一次重要的查漏补缺。

能够正确看待考试的孩子，不会因为一时成绩的得失，骄傲自满或是丧失信心，而是会重视考试中的错题和暴露出的问题，有针对性地调整学习方法、提升弱势项，然后在一次又一次对试卷的总结分析中不断完善、优化自己的学习计划。

从整个小学、初中、高中的学习过程来看，每一次考试都是在为最后的高考做准备。从一个学期来看，每一次作业、小测都可以让孩子们更好地为期末考试做准备。而从整个人生来看，学会学习，学会考试，学会抓住重点、补漏点，学会复盘反思，不只是对学习能力的提升，也是对思维能力的锻炼。

看清题目意图

看清题目意图有两层含义，一是能够读懂题目的意思，知道题目要考查的知识点是什么；二是能够避开题目中的"陷阱"，正确理解题目给出的信息。知识点的学习，功在日常，需要平时的理解、记忆与做题巩固。

在一份试卷中，会有简单题，也会有难题；会有似曾相识的题目，也会有从没见过的陌生题目；会有基础的选择填空，也会有综合大题。除了知识点的不同外，每类题目的考查意图也有所不同。根据题目难易程度、熟悉程度锁定考查重点，找到应对措施，有助于孩子在考场上稳定发挥。不同题目的考查重点，具体如图 4.12 所示。

① 简单题更侧重考查孩子的细心程度，对知识点掌握的熟练程度。对这类题目，孩子既要足够细心，又要反应快速。

② 考卷上的难题，除了是对知识点的考查外，还是对孩子心

态的一种考验。遇到时，应及时调整心态，按照正常步骤解题，实在做不出，可先放一放。

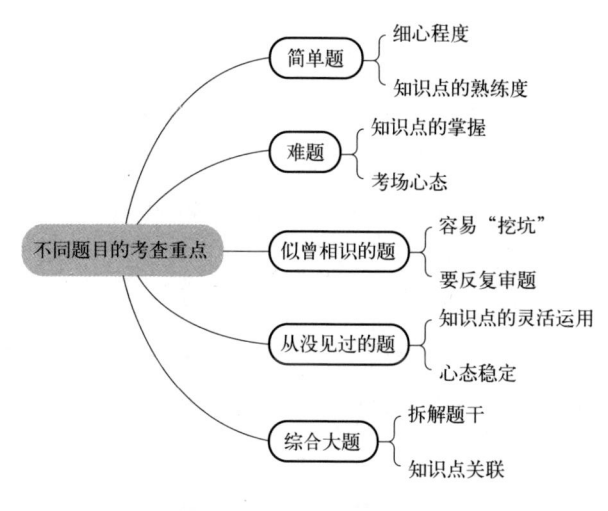

```
不同题目的考查重点
├── 简单题
│   ├── 细心程度
│   └── 知识点的熟练度
├── 难题
│   ├── 知识点的掌握
│   └── 考场心态
├── 似曾相识的题
│   ├── 容易"挖坑"
│   └── 要反复审题
├── 从没见过的题
│   ├── 知识点的灵活运用
│   └── 心态稳定
└── 综合大题
    ├── 拆解题干
    └── 知识点关联
```

图 4.12 不同题目的考查重点

③ 似曾相识的题，最容易"挖坑"，遇到这类题目要反复审题，不能凭经验作答，这类题目通常看似一样，但内容、要求和解法完全不同。

④ 从没见过的题，既考查孩子的心态，又考查对知识点的灵活运用。遇到这类题目，不要慌，先让自己静下来，然后从题干中分析可能要用到的知识点，再尝试找到解题思路和方法，理清思路，逐步作答。

⑤ 综合大题，考查的就是孩子综合应用不同知识点的能力。只盯着某一个知识点找思路，是远远不够的。孩子要尝试把大

题拆解成若干小题，确定好解题所需要的必要条件后，再去思考如何找到解题条件和知识点之间的关联，寻找解题思路和答题方向。

考前复习策略

老话说："临阵磨枪不快也光。"考试前的复习就相当于"临阵磨枪"，科学有序的复习规划，是考前查漏补缺、提升成绩的关键。

每个学科的学习特点不同，面对考试的复习备考策略也会有所不同。

1. 数学的考前复习策略

数学的复习备考，大多孩子都会选择刷题，但往往忽略了比刷题更重要的两件事，一是夯实基础知识，二是错题的复习和整理。数学期中、期末前备考，有四件事一定要完成，具体如图4.13。

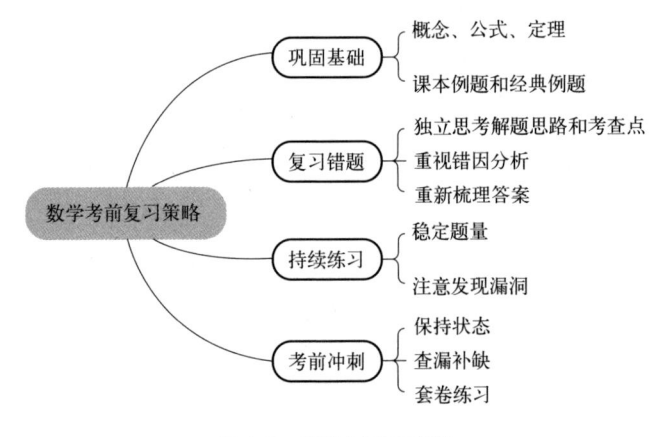

```
                    ┌─ 巩固基础 ─┬─ 概念、公式、定理
                    │           └─ 课本例题和经典例题
                    │           ┌─ 独立思考解题思路和考查点
                    ├─ 复习错题 ─┼─ 重视错因分析
数学考前复习策略 ────┤           └─ 重新梳理答案
                    │           ┌─ 稳定题量
                    ├─ 持续练习 ─┴─ 注意发现漏洞
                    │           ┌─ 保持状态
                    └─ 考前冲刺 ─┼─ 查漏补缺
                                └─ 套卷练习
```

图 4.13 数学考前复习策略

（1）巩固基础

数学考前复习的第一件事，就是要把课本上的概念、公式、定理以及例题重新过一遍，要求是必须熟练掌握。要达到看到简单的题目，立刻就能反应出来用什么样的概念或者哪一个公式。

在复习的过程中，孩子可以专门准备一个本，在上面把公式再抄一遍，例题再做一遍。在这个过程中，数学成绩暂时不够好的孩子，一定要先专注例题的理解。

成绩好的孩子，要在复习例题的时候，能够对题型进行一些归纳，要思考有哪些题目和课本上或者老师补充的例题，解题思路是一样的，这就是归类。归类能力在后期的学习中非常重要，也是孩子能够举一反三的基础。

（2）复习错题

错题的复习方法是先盖住答案，独立思考或回忆解题思路和考查的知识点，然后看自己写的错因分析，最后梳理答案，有时间就写，没时间就看。内容就是练习册和所有试卷上的错题。如果有错题本最好，那是孩子独有个性化的复习资料。

（3）持续练习

想要数学成绩稳定，就要有持续稳定的练习。考前练习的目的是保持考试的做题感觉，要能做到面对基础题解题非常熟练。非常熟练的意思是，要能又快又准地完成，这也就回到了前面说的，基础知识一定要非常熟悉，基础知识的巩固复习一定要优先完成。

练习时不要把重点都放在难题、怪题上面，一道题解不出，再一道题还是解不出，会影响孩子做题的信心。

练习的目的不是要让孩子在难题上证明什么，而是要让孩子在做题的过程中发现未掌握的知识漏洞。

做题时有四点要求：一是注意计算题的正确率，注意数学运算中细节的要求；二是要按照考试时间计时完成；三是必须使用草稿纸；四是不会做的题目，要做出标记，在核对完答案之后，和做错的题目一起解决。

在练习的最后，孩子要认真订正错题，要把错因简单地写出来，把题目背后的知识点搞懂弄透。

（4）考前冲刺

考前的半个月，数学就可以进入冲刺阶段了。数学的冲刺要注意把握两个点，一是状态的保持，二是查漏补缺。

首先说第一方面，状态的保持与重复的套题训练分不开。因此，我建议大家，特别是数学不太好的孩子，要保持一周三套题的训练强度。把自己的计划可以和学习的作业任务相结合，如果老师安排了足够量的套卷练习，就可以不再另加训练。但如果学校老师没有安排套卷，或者安排得非常少，自己要做计划补上。

数学比较好的孩子，可以按照一周两套题的强度进行，保持住做题的感觉即可。做套卷的目的主要是训练答题速度和解题思路。

总之目标是花更少的时间保持更好的状态。另外在这样的套卷限时训练中，尽量不要进行二次检查，竭尽全力地快速做完即可。这样的好处是很容易察觉到在快节奏和解题第一印象中暴露出的孩子隐藏的学习疏漏，找出疏漏才能更有针对性地去弥补。

2. 语文的考前复习策略

语文的备考与数学不同，数学是按照知识点进行复习，而语文是按照模块进行的。语文考前复习策略，具体如图 4.14 所示。

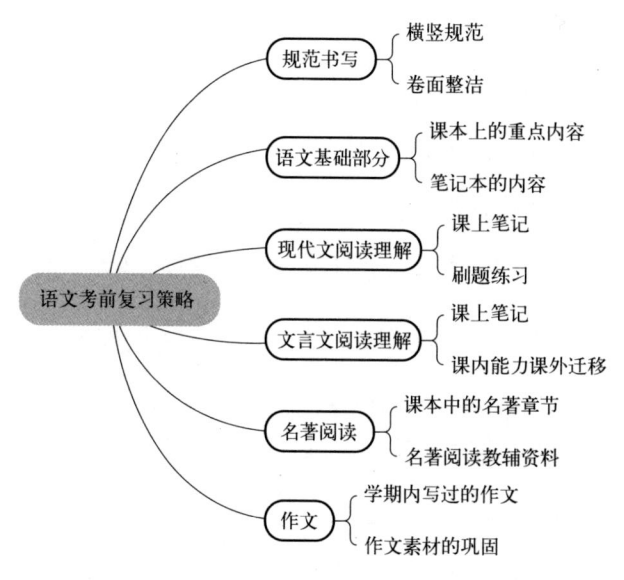

```
                        ┌─ 横竖规范
              规范书写 ─┤
                        └─ 卷面整洁

                                ┌─ 课本上的重点内容
              语文基础部分 ─────┤
                                └─ 笔记本的内容

                                  ┌─ 课上笔记
              现代文阅读理解 ────┤
                                  └─ 刷题练习
语文考前复习策略 ─┤
                                  ┌─ 课上笔记
              文言文阅读理解 ────┤
                                  └─ 课内能力课外迁移

                            ┌─ 课本中的名著章节
              名著阅读 ────┤
                            └─ 名著阅读教辅资料

                        ┌─ 学期内写过的作文
              作文 ────┤
                        └─ 作文素材的巩固
```

图 4.14　语文考前复习策略

(1) 规范书写

规范书写的要求并没有多高,只要孩子认真对待,分数都是可以拿到的。只要横竖规范,没有交叉重叠和错误,能够做到清晰明了,卷面整洁,作文的卷面分就拿到手了,做阅读理解时也不会因为老师看不清楚字而有扣分的风险。

(2) 语文基础部分

语文基础部分考查内容主要有字音、字形、成语运用、古诗词、病句、标点符号、语句排序等,年级不同考查的内容会略有差异。语文基础部分的成绩依赖于常年的积累和巩固。同时也要重视平时课堂上的内容,以及老师布置的作业。

语文基础部分的备考,需要认真复习课本上老师给划的所有重点内容,古诗词的背诵,还有所有的课堂笔记,包括画的字词、作家作品、文章背景、重要段落的分析,这些内容的笔记都必须都一字不落地背下来。

如果考试的时候有这些内容,要尽量做到不丢分。

(3) 现代文阅读理解

现代文阅读理解的难度,会随着年级的升高而增加。阅读理解能力的提升,离不开孩子们平时的积累和沉淀,以及上课认真听讲。这部分的能力靠的是日积月累,想要通过考前突击快速提升,空间不大。

平时上课,老师讲课文分析的时候,会讲现代文阅读理解部分的分析思路和模板,如果孩子们上课听讲效率高并且认真记录了笔记，那么考前翻看自己的笔记就可以了，这是最好的复习资料。

如果想要刷题提高分数，需要一段时间的练习和模仿，练习时要对自己的要求高一点，才会有比较好的效果。在做题的时候，要注意总结答题模板，学习参考答案的分析角度，以及如何踩中题目的得分点。

练习的频度能够做到一周 1～2 篇就可以了，不要盲目追求做题的数量，孩子能把题目做透、有提升就好。重要的是做完后核对答案时，千万不能有"差不多就行"的想法，平时练习严格要求，考试时才不会有太大的偏差。

（4）文言文阅读理解

文言文的学习需要在课上踏实积累，认真听讲，记好笔记。老师给画的所有重点、补充的笔记，下课回家后都要及时复习和记背。如果平时都积累好了，也都背过了，考前只要再翻看一下笔记，过一遍就可以了。

但是如果连笔记都没有，也从来没记背过，那考前就需要花大量时间补上平时没有完成的任务。文言文的学习一定要以课上老师教授的内容为准，不要总是想着去学课外的。

（5）名著阅读

孩子平时学习比较紧张，阅读的时间有限，很多孩子都是在假期提前完成一学期的名著阅读，这个状况造成到了学期中或者期末的时候难免会对读过的细节有所遗忘。也有些孩子是一边上学一边读的，这样安排可能会因为时间较紧影响一些阅读质量。

这部分的学习和复习，主要抓好两个点，一个是课本上的名著文章节选，老师课堂上分析过的内容要都复习到能够记背下来；还有就是一些名著阅读知识点梳理的教辅材料，也可以买回来看一看。

（6）作文

影响作文分数的四个得分点分别是：卷面分、内容分、语言分、结构分。

对于孩子来说卷面的 5 分，只要能够做好规范书写，基本都能拿到。要求无非就是字迹工整，卷面干净。

孩子到了初中之后，只要结构和审题两个方面不出现太大的问题，作文就不会有丢大分的情况。结构上不需要多么立意新颖，能做到基本的"总分总"就可以，这也是最稳妥、风险最低的作文结构。

关于审题，孩子一定要认真读题，题目中的要求、限定条件要圈画出来，写作文的时候才能不跑偏，才不至于出现明显的丢分项。在作文的备考和学习上，孩子要先拿到该拿的分数，再通过长期的积累和练习提高写作能力，拿到高分。

在考前让孩子们翻一翻素材类的书，在平时看作文书的时候，把作文素材分为几个大类来积累，比如家国情怀类、时事政治类、努力拼搏类、人文艺术类。然后看看这学期老师都给练习过哪些类型的作文，自己可以准备 2 个素材，在考试时备用。

完成上述六个模块的复习后，还要把所有测试卷中的错题都复习一下，特别是字词、默写一类的错误，最基本的要求就是错过的题不再错。

语文的备考我不建议孩子们大量刷题，临考前能做套卷子熟悉一下时间分配，找找感觉就够了。语文学习的提升，重要的是平时积累，认真听讲、做作业、积累素材、改错，长期坚持才能最终收获好成绩。

以上就是整个语文考试的备考思路，语文是长期积累才能出成绩的科目。下文提到的备考技巧、备考方法都是为了临时提升成绩。

语文考试前三天晚上，可以做这四件事：

① 复习背诵篇目中出现的错字；

② 文言文或者古诗文中重点字词的翻译再过一遍；

③ 根据一学期练习的重点，进行作文素材的准备；

④ 再复习一下阅读理解的答题模板。

认真做完这四件事后，再加上平时的积累，孩子就可以胸有成竹地进考场了。

3. 英语的考前复习策略

英语复习和语文相似的点是，都需要长期的学习、阅读和积累，来获得能力的提升。不同的是，相较于语文，英语的阅读理解、完形填空，通过短期内持续刷题，成绩的提升会相对明显一些。所以英语的备考规划，我们从复习和练习两个角度来说，具体如

图 4.15 所示。

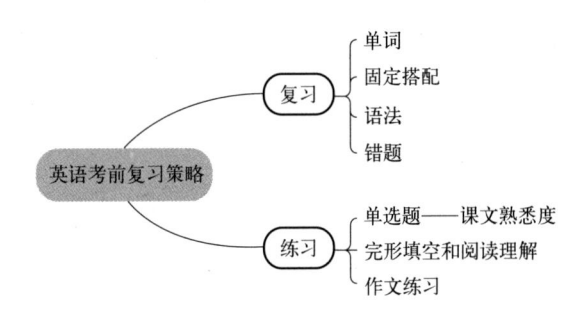

```
英语考前复习策略 ─┬─ 复习 ─┬─ 单词
                │         ├─ 固定搭配
                │         ├─ 语法
                │         └─ 错题
                └─ 练习 ─┬─ 单选题——课文熟悉度
                          ├─ 完形填空和阅读理解
                          └─ 作文练习
```

图 4.15 英语考前复习策略

（1）复习

英语考前复习的内容包括，课本上每单元的单词、老师上课讲的固定搭配以及语法的使用。这些内容都必须背诵熟练，固定搭配以及语法的使用，都会在试卷前面的选择题中考查。家长也可以关注一下孩子的考试卷子，如果卷子前面的单选题出现的错误比较多，说明孩子在课文的学习上出现了比较大的问题。就要进一步分析，到底是课上听讲的问题，记笔记的问题，还是课后作业和复习的问题。

平时的英语学习需要做到每日读、每日写，因为这是一门需要一定记忆密度的科目。如果孩子从来不读课文或者一周才读一次、复习一次，最好把任务集中复习调整成分散复习，比如原本一周读一小时，可以分散到每天 10 分钟。虽然这样看起来每日所花时间不多，但效果却要好得多。

课文在英语的学习中占有很重要的地位，但往往都被孩子忽视。课文的第一个好处是，可以用来每日朗读和背诵，读和背的目的是培养语感，只要认真执行，不出一个月就会看到孩子做题的正确率直线上升。课文的第二个用处就是可以用来梳理语法。通过课本梳理语法，归纳分清各种时态、语态的变化，并将课本上的常用词汇、重要句型、重点词的惯用搭配等都记背熟练，作为自己的积累，可为更高年级的学习打下好的基础。

在英语的学习中，除了课文外，我们一直强调单词的背诵和默写。因为单词是英语学习的大前提，孩子们一定要有计划地提前完成单词的背诵。

建议单词一定要早点背，因为阅读理解和完形填空最终在中考的考试中会出现一些超纲词。如果没有足够的背诵量，那在考试前，至少要把本学期的课内单词全部背完，不然考试时会非常被动。

（2）练习

英语的练习平时可分模块进行，但临考试前要抽出时间进行套卷练习，一是找感觉，二是练习卷面时间的分配。下面咱们就按照平时分模块，临考前刷套卷的思路，来说说英语的练习。

第一，单项选择题考的就是语法和情境，这部分是比较死板的东西，是有规律可循的。通常和孩子的课本联系非常紧密。除了课堂上认真听讲、认真记笔记、认真复习以外，还要有做题技巧，比如做题时可以用排除法、还原法、简化句子结构法等。

第二，关于完形填空和阅读理解。完形填空考查的是特定语境下，综合运用语言的能力。在考试中有十六字原则："瞻前顾后、上下求索、左顾右盼、首尾一贯"。要根据上下文、逻辑、常识、语法知识等对选项做出判断。

完形填空的正确率跟语法有一定的关系，但是单独练习语法的效果并不一定好，且不一定有时间，所以从备考的角度来说，并不建议。从长期学习的角度来说，最好的方法，一是上课老师讲解语法时，好好听、好好理解；二是背课内课文，课文内包含了很多语法要点，是非常好的语法积累文本。

而对于阅读理解，如果单词量够，可以直接刷题练习。建议最好一天一篇，如果没时间，至少每两天一篇，因为阅读理解需要达到一定的量才能有所提升。如果每两天一篇也达不到，就周末练一练，但是以这个频度练，成绩比较难有提高，实在不行就放在寒暑假集中练习。

完形填空和阅读理解在平时的学习中要注意重点词组、习惯用语和常用句型的积累；注意词汇的使用范围和同一词汇在不同语境中的含义。常读、常思、常悟、常总结，以带动完形填空能力的提升。

第三，关于作文的练习。先说应试技巧，作文在字数要写够的前提下，注意不要出现单词拼写的错误和低级的语法错误。从初中开始，如果能积累一些高级的单词、句式，会是作文的加分项。

再说怎么提高作文水平。要通过记背课文，长期积累英语语句文本，然后从造句开始练习，逐步构造复杂的句子，再发展到写段落、篇章。

在日常训练中，孩子需要背诵常用的词汇、句型、文章的开头、结尾和优美的段落，多进行仿写、改写，并养成良好的书写习惯，做到卷面整洁优美，大小写和标点符号运用正确。

总结一下，英语在考前需要做一做套卷练习，提升应试题感，练习下卷面时间分配。如果是听力比较弱的孩子，考前需要密集进行套卷练习，至少 3～5 套。

4. 物理的考前复习策略

物理是一门需要强复习的科目，题目做新不如做旧，抓基础、改错题，是复习备考物理最重要的两件事，具体如图 4.16 所示。

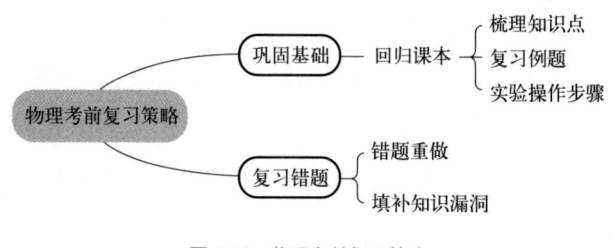

```
                                    ┌─ 梳理知识点
                    ┌─ 巩固基础 ─ 回归课本 ─┼─ 复习例题
物理考前复习策略 ─┤                    └─ 实验操作步骤
                    │                    ┌─ 错题重做
                    └─ 复习错题 ────────┤
                                        └─ 填补知识漏洞
```

图 4.16　物理考前复习策略

（1）巩固基础

物理复习的第一步就是要回归课本，明确单元重点，按照课本顺序进行知识点梳理，复习概念、公式，形成完整的知识体系，并能够熟练记忆与应用。也可以用思维导图的方法,来辅助梳理知识重点。

之后,要做课本和老师补充的典型例题,总结解题方法。做到一题多解、一题巧解,拓宽解题思路,这样在碰到新颖的题目和难题时,才能迅速解出。

有时候孩子会觉得书本上的概念非常简单,但是在运用的时候却无法灵活使用,忽略了概念中存在的很多限制条件和注意事项。

另外,需理解和记忆关于实验部分的操作步骤和规范要求,考试一定会涉及其中的内容。

(2)复习错题

一定要注意作业、卷子和错题本中积累的错题,因为里面的题目都是老师精选出来的,比我们自己找的题目要更有针对性,是考前非常重要的复习资料。

可以从头开始翻阅以前做的练习题,这样既能梳理知识点,又能确认已学的知识点哪里有问题。遇到自己不熟悉的部分,可以找5~6道相似题目,进行专项练习,做完后记得认真改错、分析和总结,将不熟悉的知识点砸实。

最后要嘱咐的一点是,关于物理考试后面的大题,在作答时要有良好的心态,可一边读题一边将题目中所描绘的场景画出来,标出已知量,这样既能简化题目、节省时间,又能有助于成功解题。

5. 化学的考前复习策略

化学是一门实验性比较强的学科，需要通过实验得出结论，同时需要注重实验细节，这是化学学习的关键，也是化学答题的关键。化学的复习备考和数学类似，在砸实基础知识的前提下，适当练习，巩固错题，才能取得不错的复习效果。具体如图4.17所示。

```
                                        ┌─ 元素周期表
                         ┌─ 梳理知识点 ─┼─ 化学方程式
              ┌─ 砸实基础 ─ 回归课本 ─┤              └─ ……
              │                        │          ┌─ 操作步骤
化学考前复习策略 ┤                        └─ 实验 ───┤
              │                                   └─ 化学反应
              │          ┌─ 实验题
              └─ 练习巩固 ┤              ┌─ 复习
                         └─ 平时错题 ───┤
                                        └─ 专练
```

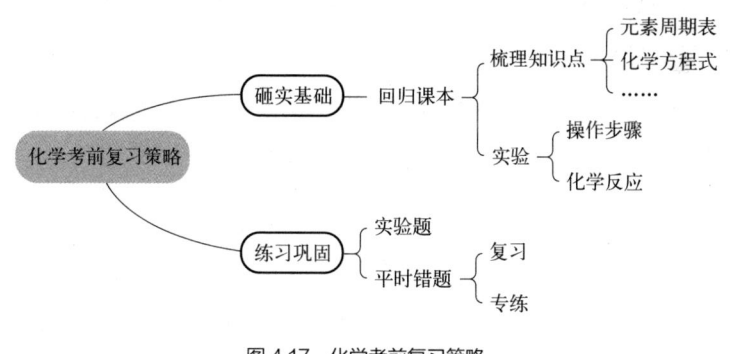

图4.17　化学考前复习策略

（1）砸实基础

化学的学习基础就是要牢记化学元素周期表、化学方程式。尤其是化学是一门实验性学科，有时候最复杂的题目，就是根据现象推导反应和生成的物质，所以化学反应的现象必须要牢记。由于学校的硬件条件有限，不可能每个实验都进行展示，所以书本上很多关于实验现象的描述一定要重点关注，考试中很可能会涉及。

复习化学基础知识时，可以应用思维导图进行梳理。以自己的课本和笔记本为基础，列出知识点框架图，认真复习，扫除自己的知识盲点。特殊的化学反应，要单独记背。

（2）练习巩固

化学学习的难点在于题目与知识的衔接，尤其要注意题目中的情景分析。做与实验相关的题目就应该将自己置于题目的情境当中，不要按猜想做题，而是要根据题干理性地做出结论分析。

对于平时练习和作业中的错题，考前要拿出来再做复习和巩固。对不理解的知识点要再次进行学习和记忆，对容易出错的题型要安排专项练习。

在化学的学习中，首先要掌握好书本上的基本概念，否则到后面大量练习的阶段，孩子会发现自己的知识结构里漏洞百出，也会感到焦虑。

6. 史地政生的考前复习策略

在史地政生的学习上，我们最推荐的还是日清、周清加考前复习的方法。不管是哪个学科的学习，都请谨记，日常学习是基础，备考的方法、技巧只是加分项，切不可本末倒置。具体如图 4.18 所示。

（1）历史

要做好历史题，除了要背诵老师总结出的要点外，还要通读课本，了解课本里面的内容，抓取关键词，用在简答题的作答中。

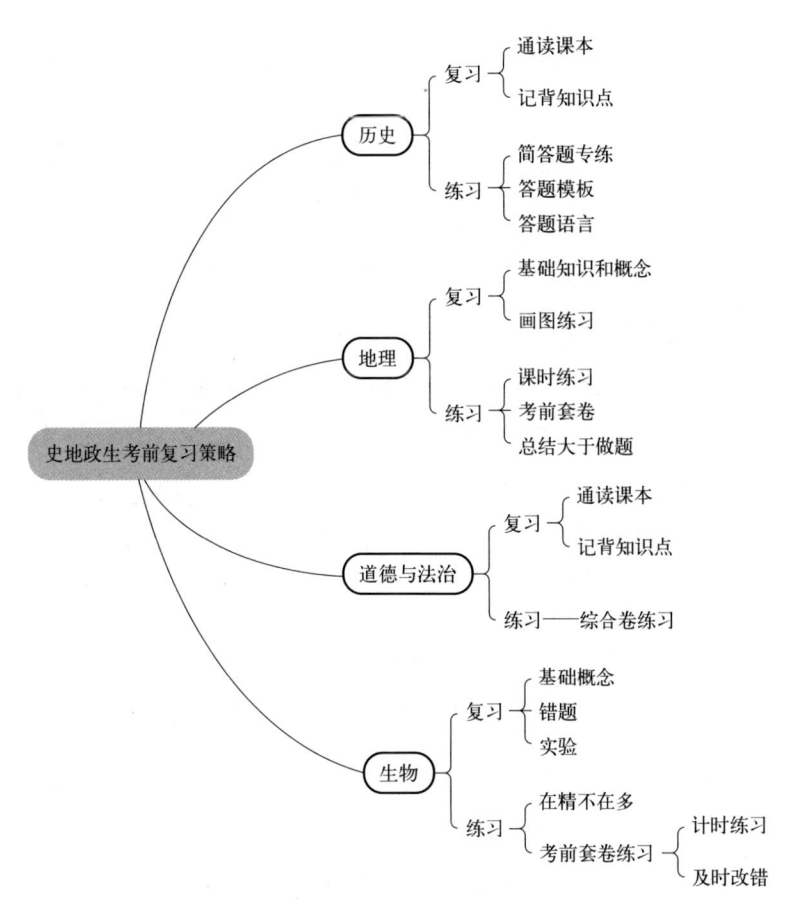

```
史地政生考前复习策略
├─ 历史
│   ├─ 复习 ┬─ 通读课本
│   │      └─ 记背知识点
│   └─ 练习 ┬─ 简答题专练
│          ├─ 答题模板
│          └─ 答题语言
├─ 地理
│   ├─ 复习 ┬─ 基础知识和概念
│   │      └─ 画图练习
│   └─ 练习 ┬─ 课时练习
│          ├─ 考前套卷
│          └─ 总结大于做题
├─ 道德与法治
│   ├─ 复习 ┬─ 通读课本
│   │      └─ 记背知识点
│   └─ 练习──综合卷练习
└─ 生物
    ├─ 复习 ┬─ 基础概念
    │      ├─ 错题
    │      └─ 实验
    └─ 练习 ┬─ 在精不在多
           └─ 考前套卷练习 ┬─ 计时练习
                          └─ 及时改错
```

图 4.18 史地政生考前复习策略

至于历史的刷题，与其他科目有点区别，不仅要刷选择题，进行知识点的总结和积累；还要刷一些大题，一是学习答题思路，二是积累答题要点。在此基础上，再加上灵活变通的答题技巧，才能在历史的考试中取得理想的分数。

① 复习。

历史的学习方法第一靠背，第二靠总结。总结可以通过写年表的方式，将古今中外的事件串联起来。学习时要对历史事件的掌握足够深入、透彻，它的时间、背景、条件、经过、人物、目的、原因、评价、影响等都要了然于心。还要学会抠字眼，比如选择题中是"根本原因"还是"直接原因"，"正确"还是"错误"等都要记清楚。

记忆对历史来说比其他学科更重要。如果时间、事件、人物，不能准确记忆，做题时便会处处受阻。帮助记忆的方法有很多，大家可能也用过不少，这里我也给大家分享几个比较好用的方法，帮助孩子在复习中更好地记忆，让历史知识更加系统化、理解深层化、结构清晰化。

对于学习风格踏实、记忆力较好的孩子来说，可以随学随复习，以周为单位，比如每周复习一个章节，到期末考试前十天左右结束复习，然后使用期末总复习套卷进行适当刷题，刷题量控制在 1~2 套就可以了。

对于记得快、忘得也快的孩子来说，可以将复习集中到考前的半个月。用一个星期左右的时间顺一遍，再做上几套期末套卷，在期末考前 3 天左右结束复习。这个复习方法虽然即时有效，可需要注意好时间的把控，稍微不注意，时间就会不够用。

② 练习。

历史备考时需要注意的细节很多，除了要复习就是要适当的练习，时间充裕时，可以适当刷套卷；时间紧张时，要做好课本的复习和背诵。小科真的没有太多的时间来刷题，要想取得不错的成绩，做好记背是基础。如果学校有统一的复习资料一定要重视。

选择题部分可以在有时间的前提下，做计时练习，加深对知识点的理解和熟练度。

如果复习时间太紧张，可以拿着题用口述的方式，回答历史卷子后面的简答题和材料分析题，可让家长在旁帮助检查。另外，历史后面的大题，练习的时候一定要注意知识点归类。

历史在做练习时，有两个点需要注意，一是做题习惯，二是答题语言。

第一，关于做题习惯。

遇到客观题，要先把题目中的事件、人物等关键词标出来，判断选项时再一一对应，避免瞬时记忆出错或遗漏。一定要仔细看题目的设问，避开题目中的陷阱。做题时如果遇到记忆模糊的点，要做好标注，及时放弃，做完后面的题再回头来看，千万不要在一道题上浪费太多时间，这会破坏做题的节奏。

对于主观题，读题特别重要。可以先看问题、再看材料，看材料的同时可以结合题干圈画重点词。凡是考查课本重点知识的，课本中有论述的，就用课本中的论述作答。如果是考查课外知识的，一般可以从材料中挖掘出主要答案，再结合课本中相关的知识点，进行补充作答即可。

第二，关于答题语言的规范性。

要用历史的专业术语回答问题，这一点主要针对主观题。在答题中，运用专业术语答题，可以让自己的回答更有条理，也更有利于抓住得分点。

（2）地理

在地理的学习中，孩子一定要消除对地理的心理偏见，不要求孩子有多喜欢这门学科，但至少不能觉得厌烦。尤其是初中阶段的地理学习，只要能够掌握基本的方法和技巧，认真听讲、完成作业就能得到一个非常不错的成绩。

① 复习。

地理复习的第一步，是复习课上笔记和课本上的基础知识与概念。这个时候可以一边记背，一边结合地图进行画图练习，比如地球公转示意图、五带的分界线，学会识别等高线、比例尺、方向和图例。

关于图示的学习可以在复习当中一边回忆，一边练习。做好基础概念以及图示的学习，对于孩子基础题或者中档题的提升非常重要。

② 练习。

在地理考试中，出题方式非常灵活，孩子复习的时候，一定要结合刷题，多见题型，同时加深对知识点的理解和掌握。

地理的刷题进度可以是随复习随刷题。比如复习完一个章节，可以安排一个章节的题目，总的时间节点就是到期末前可以完成全部复习。然后，再做1~2套期末复习卷，找找感觉。

刷题需要根据学校的作业情况来灵活安排。如果学校有复习卷或者重点复习单，一定要利用起来，把自己的复习计划和学校的复习计划结合，不要给孩子额外增加负担。对于住校的孩子来说，家长要问清楚孩子在校的安排。如果实在挤不出时间，自己的练习安排不进去，就尽量充分利用周末的时间，早睡早起，合理规划有限的时间。

另外，周末家长千万不要因为孩子有时对学习的态度，或者细枝末节的事情发生争吵，这个时候浪费时间实在没有必要。

对于时间特别有限的孩子来说，总结大于做题。也就是说，做完题，核对完答案后，一定要总结，否则很难提高，尤其是主观题。

做选择题时，如果发现有模棱两可的选项，即使这道题目做对了，也要再研究一下答案，把题目和每个选项都理解透。

至于主观题，出题的类型是有限的，只要有心总结，并不复杂。在刷题时，要注意主观题的常考类型，越是出现频率高的，越要重视。

另外，在核对答案时，要格外注意答案的正确解析，看解析是如何回答的，表述的语言是什么样的。孩子刚开始答题时可以照猫画虎，后面要学会分析总结，把从解析中学到的方法用在自己的答题中，主观题的分数就会逐渐提升上来了。

考场上做地理选择题，一定要稳，不要急于做题，而是要耐下性子认真审题。对于选择题，一定要仔细看题干的要求、给出的材料，拿不准和犹豫的时候，不要急着做出选择，而是要重新读题，看看是不是遗漏了什么要点。

在平时做练习的时候，除了选出正确答案，还要多思考一下出题老师的意图，慢慢地就会发现，出题时老师到底想考什么，甚至在拿不准答案的时候，也能通过这样的逆向思维，分析出老师想考的知识点，从而找到正确的答案。

总体来说，生物和地理的学习更偏向理解性记忆，课本中的概念是基础，生物的实验、地理的图示是这两个科目学习的重点，多动手，多总结，永远是最有效的学习方法。

（3）道德与法治（政治与法治、政治）

在道德与法治（政治与法治、政治）的学习中，如果老师有总结，那么老师的总结就是重点。细节对于选择题来说是取胜的关键，完整则是大题的制胜法宝。

对课本内容的熟练记忆，是解答一切政治题目的基础。

但在咨询中，我经常会遇到孩子明明记背得不错，可看到题目就是不知道如何作答的情况。这个问题的产生主要是因为孩子，没有把记背的内容与题目相关联。解决这个问题最好的办法是，孩子在复习的时候，可以一边复习，一边自己动手画知识结构图。学习政治一定不要怕麻烦，态度非常重要。

在记道德与法治（政治与法治、政治）的笔记时，可以有自己的习惯，用不同颜色的笔、不同的符号区分不同类型的笔记。

比如"为什么"类的用红色笔标注，概念类的用蓝色笔标注，"怎么做"类的用紫色笔标注等。这种方法可以调动多感官帮助孩子记忆，在复习的时候也更容易找到需要记背的内容。

① 复习。

孩子们在复习的时候不能光复习老师发的复习提纲、划的书中重点，又或者是知识梳理类的教辅。光简单记背这些内容，孩子是不能对知识点之间的联系进行理解的。

所以在完成知识点记背后，一定要把课本上这一章节的内容也阅读一遍，这才是全面掌握知识的方法。政治想要拿高分，除了知识点的背诵，课本知识的掌握也不能忽视。

学完一个单元要及时梳理知识框架，并能与之前学过的内容进行对比分析，理清课与课之间、单元与单元之间的联系。把原本一个一个的知识点，关联成一个知识网。

② 练习。

道德与法治（政治与法治、政治）的学习还是建议以背诵为主。因为孩子的时间很宝贵，在有限的时间里，要写作业，还要复习。所以扎实的背诵，对学习效果的提升有很大的帮助。

当然，孩子在考前还是要适当做一下综合测试卷的，一是为了让孩子熟悉试卷中的题型分布，二是要孩子找一找答简答题的感觉，三是为了适应一下时间的分配和安排。复习和练习的节奏和具体日期可以让孩子自行安排，期末检测卷可以在考前十天到一周左右的时间进行。

在做客观题时，要注意认真阅读，理解题干，排除与题意无关的，以及仅仅是题干的选项，并且能够准确找出题干中的关键信息。客观题里常常会出现一些意思比较容易弄混的，例如："权利、义务、职能"等字眼，这些都要求孩子根据题干中的关键信息来判定，然后排除掉与题意不相符的选项。

主观题的答题技巧一定要分清意义、为什么、怎么办这几类。意义类的答题，要符合从大到小，从国家到集体再到个人的原则，不要漏掉关键点；为什么类的答题，需要孩子综合必要性、重要性与地位、性质等来回答；怎么办这类题目是属于做法型的主观题，需要从材料中提取关键信息进行解答。

(4) 生物

关于生物学习，有一句话最重要：生物学习靠课本。

也就是说，生物的学习要在课上听懂的基础上，去理解和记忆课本中的内容，然后才是刷题。生物的学科特点是，知识点多且琐碎，分布在书中各个角落，复习时要全部都扫到需要很多时间，所以在日常学习的时候，书上的黑体字、粗体字一定要重视，包括实验的部分，都要提前熟记。

在生物这门学科的学习上，不要嫌看书费时间，因为生物的很多题目就是抠字眼。往往当孩子做好知识点的记背，去做题的时候会发现，很多题目都在考查同一个知识点，只是题目中的个别字、词做了变动。

① 复习。

生物复习的第一步，是复习书上的概念，可搭配梳理知识点的教辅书。第二步是复习错题。如果有错题本就复习错题本，如果没有错题本就复习卷子和作业中的错题。

在复习当中，要注意经典的题目，对这类题目一定要记忆深刻且准确，不管是选择题，还是简答题，都需要记住它们的题型，以及一些出题的"套路"，这些就是我们常说的易错点。

在复习中还要特别注意实验的步骤顺序及规范操作，这些实验的内容在考试中是一定会有的。而且很多地方的考试，不但会有，还会组合成新型实验的题目出现，掌握好基础，才有可能做到灵活运用。

② 练习。

在生物的题目中，选择题最容易拿分，却也最容易丢分。对于出错的选择题，不但要对错因进行分析，还要再次复习题目对应的知识点。即便是在练习时做对了，也要多花心思，分析错误的选项为什么错，并在选项旁边写清楚思考和分析的过程。这样才算是把一道题目做透了。小科在刷题的练习中，做精比做多更重要。

生物中的很多大题都源于课本中的实验，所以在做练习的时候要注意关于实验的题目。或者在复习时，让孩子回看作业中与实验相关的大题，也可将相应的知识点直接写在题目旁。

这样随着做题数量的增多，再配合定期的归纳总结，孩子对生物这门学科学习中的重点、知识点的运用、出题方式的变形等，就都能做到心中有数了。

如果考试前时间非常紧张，可以把套题中的选择题单独拿出来，安排时间进行练习。比如一周三次，每次 20 分钟，坚持大概两周的时间，就会看到选择题的错误率显著下降。

这里还有几个细节需要大家注意：第一就是做题要限时，但要做到"慢审题、快做题"；第二就是要学会用排除法，把每个选项都照顾到，都看仔细，不能只盯住一个选项。有时候题目中可能会有干扰项，会这个看着也对，那个看着也差不多，所以一定要仔细分辨；第三点就是要及时改错，不能把题做完就完了，做题不改错相当于没做。

在回答生物大题的时候，一定要注意专业术语的规范表达，这就要求在复习时，要对课本中的关键词背得非常熟练。

考前时间安排

期中、期末考试前，孩子既要完成新知识的学习，又要兼顾前面知识的复习，时间相对紧张，只有做好时间安排，才能有条不紊地展开复习。

1. 期中前时间管理

不要因为期中复习打乱日清、周清的学习节奏。可适当加入一些综合练习，把练习安排在周末每一个科目大块的学习时间中。

期中复习的大原则是，不要因为期中复习打乱日常的学习节奏。适当加入综合练习，综合练习的时间可以安排在周末每个科目的固定学习时间里。

期中复习时，学校的课程还在继续，对孩子来说复习时间相对紧张，不建议从头到尾复习。最好的复习方式就是考试前两周，在每周末的时候，增加薄弱模块的练习，同时安排时间完成综合卷的检测。在综合卷检测中发现的问题要及时补上。练习时一定不要跟难题较劲儿，尤其是数学，难题的提升在平时，不是集中突击能解决的。

时间安排上非常重要的一点是，要学会合并同类项，越是考试前，越是时间紧张的时候，越要如此。所谓合并同类项，就是把自己安排的任务与学校老师布置的任务里相同的项目合并，以老师布置的任务为主，减掉自己安排的项目。这是因为，我们练习和备考的目的不是盲目刷题，而是做有质量的成绩提升。

还有一点需要提示家长，平时孩子们的学习安排各不相同，在进行期中备考的时候，应对策略也不会完全一致，一定要与平时的学习情况相结合，在备考阶段补足平时缺失的练习，才能取得好成绩。

对于平时周末有安排复习的孩子来说，理科可以直接做薄弱章节的检测卷，以及综合试卷，然后进行改错。语文和英语针对自己的薄弱项进行练习，再配合综合试卷培养考试手感。做好以上这些，期中考试，就能取得不错的成绩。

对于平时周末没有安排复习的孩子来说，理科要以学校的作业错题和老师讲的例题为主，再加入基础练习，尽量做到基础题上不丢分。语文和英语则要加强校内知识的记背和练习，尽量不丢分，或者少丢分。

在史地政生的学习上，最理想的状态就是平时能够做好日清和周清，考前再进行补充背诵，进行综合检测卷的练习，并能够复习错题。如果日清、周清做得不好，考试前就要将背诵任务分散到每一天，可将睡觉时间推迟20分钟，用这20分钟来解决背诵的问题，如果不能晚睡，安排在早起时也可以。史地政生是总分的关键，在期中复习时既不要挤占主科的复习和练习时间，也不要弃之不管，否则对总分排名影响很大。

从以上两种复习安排能看出，想要期中有不错的成绩，平时的复习是不能省的。

2. 期末前时间管理

期末复习与期中要求不同，要提前做好充分的准备，在安排复习计划时，有两个项目是必须完成的：一个是薄弱模块的专项练习；另一个是期末前的综合练习。在制订期末复习计划的时候，要从三个维度进行安排，分别是开始复习的时间、复习的重点和范围以及学科的具体复习方法。

（1）开始复习的时间

从时间上看，一般提前一个月开始准备复习是比较合适的。这时候时间相对充裕，复习起来也比较从容，不会因为慌乱丢项落项，也不会因为短时间内任务太重，让孩子产生逆反情绪。如果是下学期，考试前应该有小长假可以利用。上学期的话，就利用周末的时间进行复习。

在复习项目的安排上，要符合我们前面介绍的原则，一是自己的安排要和老师的安排合并同类项，二是在周末学科的专属时间，用复习项目替换平时练习项目。

（2）复习的重点和范围

到了期末考，各个学校考查的知识重点和范围会有所不同，有的学校会更侧重对期中之后所学内容的考查，有的学校则是期中前后的占比差不多，所以孩子在备考前，要弄清楚学校考试的重点和范围。然后根据考试侧重的不同，有重点地开展复习，如此复习才能更高效。

从老师讲课和布置练习的情况，就能判断出哪些是学习的重点。所以，对孩子来说，重要的知识点、重点的模块，不应该只在考试前突击复习，在日常学习中就要投入更多的时间和精力。

（3）具体复习方法

各学科的复习规划咱们前面已经做了详细的介绍，这里再来给大家总结一下复习的方法。由于各科学科特点不同，复习时的方法也要有所区别。

在数学的复习上，要做到重点章节优先测试，再复习其他内容。每章节做完章节检测后，要统计失分点、分析失分原因，再进行期末前的综合测试练习。考试前的最后两个周末，要集中进行综合试卷的练习，以及错题的复习。

语文的复习要分为校内和能力两部分来进行。校内部分就是我们前面说到的，老师上课的笔记、对课文的分析、画的重点字词。而能力的提升更多在日常。在考前的最后两周，要开始安排时间进行期末综合检测卷的练习。

英语的复习除了单词和课文的巩固以及日常薄弱项的持续练

习外，考试前的最后两周同样要安排时间做期末综合练习测试以及薄弱模块的专项练习和错题复习。

物理的复习除基础知识、实验的复习外，考试前两周也要安排综合卷的练习。一是最后再来一轮查漏补缺，二是找到做题的感觉。

化学在完成基础复习后，在考试前一周进行综合卷的练习就行，注意要对重要错题进行反复复习。

史地政生的复习一是要做好基础知识的记背，二是熟悉答题模板。生物、地理，要对教材中的图形非常熟悉，历史、道德与法治（政治与法治、政治），要做简答题的专练。并同样在考前两周安排套卷练习。

考场应试技巧

在应试考试中，想要取得好成绩，除了平时对知识点的掌握外，还需要一些应试的技巧。

懂得应试技巧的孩子，能够更轻松、从容地应对考试，在相同的学习情况下，也能取得更高的分数。具体如图 4.19 所示。

① 基础题尽量不丢分。一份试卷想要成绩好看，首先要做到的一点就是基础的题目不丢分。选择题、填空题一定要认真读题，圈画题目中的关键词，注意"不是""不对""不包含"等字眼。越是感觉熟悉的题目，越要仔细读题，反复推敲。

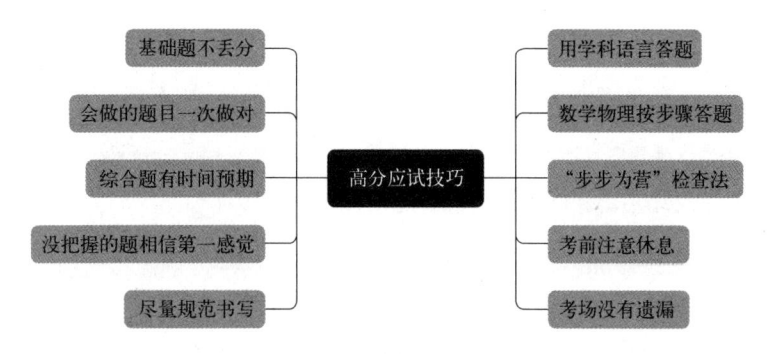

图4.19 高分应试技巧

思维导图内容：
- 高分应试技巧
  - 基础题不丢分
  - 会做的题目一次做对
  - 综合题有时间预期
  - 没把握的题相信第一感觉
  - 尽量规范书写
  - 用学科语言答题
  - 数学物理按步骤答题
  - "步步为营"检查法
  - 考前注意休息
  - 考场没有遗漏

② 会做的题目一定要一次就做对，不要期望有时间检查。现在的考试大多都是时间紧、题量大，考完后基本没有时间去检查，所以在第一遍做题的时候就要保证自己会做的题目要一次性做对，省出时间，去答那些有可能突破的题目。

③ 对于综合的解答题，要有一个预期的解答时间。比如预期是 5 分钟可以做出来，如果超出 5 分钟还没做出，一点头绪也没有就不要再纠结了，果断放弃，及时止损也是一种应试的高分策略。如果已经找到解题思路，再有 1～2 分钟就能做完，可以适当延长答题时间。

④ 对于缺少把握的选择题，要注重第一反应，因为第一反应是平时大量训练形成的条件反射，往往是正确的。

⑤ 答卷时要尽量做到规范书写，不需要字迹多漂亮，但要横是横、竖是竖，总体上做到字体清晰、整齐，便于老师批阅，也方便自己检查，避免因为书写丢分。

⑥ 每个学科都有相应的学科语言。很多时候，孩子们会做的题不一定能全做对，做对的题也不一定能得满分。其中很大一部

分原因，就在于答题的表述不够规范。在答题时，可先梳理答题思路，在草稿纸上列出答题要点，然后再用规范的学科语言把要点串起来形成答案，在试卷上作答。对于学科语言的学习，可以多读教材、看解析中使用的答题语言，从模仿开始。

⑦ 在做数学、物理等理科题目时，推理要严密，要按照规范一步一步求解，不能丢步、跳步。

⑧ 运用"步步为营"的检查方法，及时确认答案。所谓"步步为营"法，就是每完成一步就马上看一下，进行简单的检查，没问题，再进行下一步的书写，尽量把可能产生的错误消灭。

⑨ 考试前几天要注意休息，养精蓄锐，不要让自己太紧张；准备好考试所需的文具，以及手表等用品。另外，考前不要再做太多卷子，让孩子在考场上保持一定的紧张感。

⑩ 答完试卷后，记得要检查题目是否有遗漏，特别是大题中有几小题的题目，要确认是否答全。

考前心态调整

对孩子来说，良好的心态是心理层面和生理层面双重作用的结果。心理层面上最重要的是要懂得释放情绪、调整认知，生理层面上要有适当的锻炼和规律的作息。

1. 主动释放情绪，给自己减压

当感觉自己焦躁不安的时候，可以和爸妈、朋友或同学倾诉，得到他人的鼓励和安慰。当复习和刷题累了的时候，可以试着转移自己的注意力，听听轻音乐，哼哼小曲，或者站起来蹦几下，看看天边的晚霞，都是一种放松。越是紧张越要学会幽默，给爸妈讲讲笑话，或者一起听听相声，要学会释放压力，调节心情。

2. 调整认知，提升自信

每个人都有自己的优势和劣势，面对考试，孩子要做的是，不管当前成绩如何，都要尽力做到最好，不给自己留遗憾。心理素质好，有可能90分的水平考出95分的成绩。心理素质不堪一击，有可能95分的水平反倒只能考出85分的成绩。正确对待考试，多关注自己的优点，提升信心很重要。要相信，只要愿意学，什么时候都不晚。

3. 坚持体育锻炼

规律的体育运动可以强健体魄，也能释放多巴胺，心情好、身体棒，才有足够的精力、体力应对考试。有研究表明，每天保持规律的运动，比如跑步、跳绳、游泳等，可以加强血液循环、令人精力更加充沛。这些有氧运动能够让孩子的肌体彻底放松，有助于消除紧张、焦虑的情绪。

4. 规律作息

考前应保证充分的睡眠。靠熬夜来刷题和复习是最傻的学习方式，磨刀不误砍柴工，良好的睡眠才可以保证充足的精神，让上课听讲、课下练习的效率更高。总是睡眠不足，孩子的思维容易混乱，神经处于抑制状态。所以规律的作息，早睡早起不熬夜也是学习成绩保持稳定的必要条件。

第五章 如何用费曼学习法制订专属提升方案

在提升学习成绩的过程中,每个人都需要根据自身的学习特点、学习习惯、优劣势,以及提升目标,制订一套适合自己的学习计划。

费曼说:"学习计划就是针对学习对象,设立一条行动的路线,规定自己在什么时候采取什么方法。"

在计划制订和执行的过程中,为了达到学习成绩提升的目标,我们需要对学习保持"觉知"状态,时时关注自己的学习情况,及时发现可能出现的问题,并做出合理的应对。

我们观察身边的孩子,不难发现,越是成绩好的孩子,越是能够清楚地说出哪里是自己的薄弱项,哪些问题是自己还没有搞懂的。也正是因为如此,他们更懂得如何提问,为自己制订的学习成绩提升计划也更精准有效。

一、元无知

什么是学习中的"元无知"

去年我遇到一个年级排名稳定在前 20 的孩子,他对我说,他对目前的成绩并不满意,数学和英语是他的优势科目,小四门成绩不算突出,但不会拖他的后腿,他最需要提升的是语文成绩,最需要提升的模块是阅读理解。

阅读理解他有专门练习过,但不管怎么做,和答案都有差距,总是答不到点子上。他不知道大家常说的"答题模板"到底是什么,也不知道该如何让自己的答题语言更规范。他希望我能告诉他,他的问题该如何解决,以及如何在稳定优势科目的情况下,安排时间完成阅读理解这一模块的提升。

你看,当一个孩子能够这样明确地提出自己在学习中存在的问题时,他的问题就会非常容易解决。

我也曾和一个重点中学的名师探讨过这个问题,她说教学中最怕的,就是遇到那些你一让他提问,他就大脑一片空白的孩子。

因为对一个孩子来说,成绩不好、学习没方法、学习能力弱、大量知识点没有学懂,这些都有办法解决,最没有办法解决的就是让人大脑一片空白的"元无知"。

很多孩子不提问,并不是因为内向、害羞,而是他真的不知道要问什么,之所以会大脑一片空白,就是因为他"不知道自己不知道什么",自然也就不知道要从何问起,这就是最典型的学习中的"元无知"。

"元无知"的危害

费曼曾在接受采访时说过一句话,大意是:"如果一个人不能有意愿彻底地、深入地理解自己的学习对象,不知道自己在学什么,对于知识的印象十分模糊空洞,在学习上付出再多的努力也不可能有非常好的收获。"

费曼在普林斯顿读研究生期间,有一次参加哲学小组的讨论,讨论的话题是关于"本质对象"。当时主持讨论会的教授问费曼:"电子是'本质对象'吗?"

因为当时的费曼并不理解"本质对象"的概念,所以费曼说:"如果教授能先回答我一个问题,那么我将努力回答教授的问题。请问教授砖头是本质对象吗?"

费曼的本意是,希望可以通过分析大家的答案,来判断大家认不认为理论构想是本质对象。因为电子本身就是我们在使用的一种在构想中存在的理论。

可让他意外的是,大家的回答五花八门。有人说,一块砖头,作为一块个别的、特殊的砖头,那就是本质对象的意思。

另一个人说,一块个别的砖头可不是本质对象;所有砖头共同具有的那种一般特性,它们的"砖性"才是本质对象。

还有人说,"本质对象"不在砖头自身。"本质对象"是心里的一个观念，当你思考砖头的时候，就会产生这个概念。

然后，一个又一个不同的意见接连冒了出来。整场讨论逐渐陷入一个完全混乱的状态，最终被强制叫停。从大家的发言不难看出，参与讨论的人，有些对"本质对象"的概念本身就是非常模糊的。以至于一场讨论下来，大家也没能说清砖头、电子这些简单的对象到底是不是"本质对象"。

可见在教授和费曼提出问题之前，参与讨论的人，对什么是"本质对象"都是处于一个"不确定"的状态。就像费曼说的，如果不能对基本的概念有清晰的认知，再多的讨论与努力也都只是徒劳。

同样地，对一个学生来说，如果在学习中，说不清自己到底学了什么，不知道自己到底有哪些知识点没有理解，那么他不管看上去多么努力，都不可能有特别好的成绩反馈。

经常会有家长跟我说："我们家孩子，练习和做作业的时候表现都很好，可一考试成绩就不理想；每次做题、考试，都会发现孩子错过的题目还是会一错再错；孩子学习很努力，可成绩就是不见提升。"

这些问题，除了会因学习方法、学习习惯导致，还有可能是遇到了学习中的"元无知"。

1. 盲目"自嗨"

我见过很多孩子，平时自己刷题练习也好，做作业也好，正确率都很高。可每次考试，成绩都不太理想。为了提升成绩，孩子会继续努力刷题，可到了下次考试成绩依然不见提高。

当你去分析孩子的试卷和平时的练习，就会发现原来孩子一直在反复刷着同类型，或者同等难度的题目。

也就是说，他们反复地巩固着相同的知识点，练习着对自己学习提升已经没有什么帮助的题目。

对孩子们来说，这样做唯一的好处，就是做起来不费劲儿。

而那些能力之外的题目，依然在能力之外；那些自己还不知道的知识点，依然不知道。

心理学上有一个"舒适区"的概念，这是由发展心理学家阿拉斯代尔·怀特提出的，具体如图 5.1 所示。

图 5.1　舒适区、成长区和恐惧区

舒适区是指有这样一块区域，在这块区域里，人们会感到舒适、自在，无压力很放松，周围的环境是熟悉的，面对的问题是自己手到擒来可以解决的。在学习中身处舒适区就是让自己埋在熟悉的题海中。

在舒适区之外，围绕着一个成长区。在这个区域里，我们会遇到新的问题，需要学习新的技能，在面对新的、有挑战的环境和问题时，我们可能会感到轻微的紧张和焦虑。但只有逐渐适应成长区，并不断解决成长区中的问题，我们解决问题的能力才会随之增长，我们的舒适区也会随之扩大。

放到学习中，就是去练习那些略高于我们现有水平，但伸伸手还能够到的题目，虽然在开始阶段可能会遇到困难，甚至解不出来，但那是我们必须去努力突破的区域，只有这样我们的能力和成绩才能得到提升。

除了舒适区和成长区外，还有一个叫作"恐惧区"的部分需要我们注意。恐惧区围绕在成长区之外，距离舒适区较远。在这个区域内，我们所要面临的是那些远超出我们能力范围的问题。

对应到学习中，就是和我们能力相比过难的那些题目。如果盲目挑战"恐惧区"，达不到练习的效果不说，还有可能会质疑自己的学习能力。

所以在刷题练习时，为了避免盲目"自嗨"，要选择一些舒适区之外的题目，在一次又一次挑战内心"舒适度"的同时，完成能力的提升。

2. 一错再错

学习中最让家长们抓狂的，就是相同的题目一错再错。家长们总会抱怨说："这孩子怎么就是不用心？总是不长记性！"

但事实上，对大多数孩子来说，一错再错的问题，并不是没有用心，而是压根儿就没有意识到，应该从根源上解决问题。

你看那些同类题型一错再错的孩子，他们是怎么改错的？

有的孩子为了省事儿，直接在错题旁边写上正确答案，最多题目上再做个标记，以证明这道题我已经改正过了，在以后的复习中，可能翻都不会再翻一下。

而有的孩子会认真一些，他们会在错题本上工工整整地抄上题，然后在下面认真地誊抄正确的解题过程，但改错的动作也就仅止于此。

还有些孩子，压根儿连写都不写，就是用眼睛看看正确答案，以为自己已经看懂了、记住了，这道题也就翻过去了。

以上三种情况无论是哪一种，都不能被称为是有效的改错。没有错因分析，没有回顾总结，也没有知识点的学习和同类型题目的练习，所谓的改错不过是走个形式。

之后再遇到同类题目，依然是每次做，每次错，然后在一遍又一遍地练习中，孩子对错误答案的记忆越发深刻，误以为自己记住的就是正确答案。

3. 无效努力

有很多孩子真的很努力，练习册写了一本又一本，几乎没有什么娱乐时间。可一到考试，成绩反馈就是不理想，家长着急，孩子崩溃，纷纷开始自我怀疑。

题刷得特别多的孩子，往往有一个通病，就是只刷题，不改错，也不复盘。看上去比谁都努力，可是劲儿没有用在正确的地方。

学习这件事，不能只是低头努力，还要学会"抬头看路"。看什么？看学了什么知识点，有哪些是自己已经学会的，有哪些是还没有学会的。

提升的重点不是没完没了地巩固已经学会的知识，也不是不断重复自己犯过的错误，而是发现"元无知"，找到自己没有理解的点，然后有针对性地去突破。

如何应用费曼学习法发现"元无知"

知道了学习中"元无知"的存在，我们就需要找到合适的方法、科学的检验流程，让学习中的"元无知"暴露出来。也就是，要找到有效的手段，让我们能看到，还有哪些知识点是没有掌握的。

就像费曼所表达的："只有在运用知识去做事时，你才会发现，这个知识点为何我没有印象？这时你才意识到，自己并没有真正地理解所学的知识。"

对中小学生来说，运用知识最直接有效的方式，就是做练习。

1. 适当的练习

适当包括两层含义，一是题量的适当，二是难度的适当。对于不同的学科、不同的孩子来说，"适当"的标准也不相同。所以不必盲目与他人比较，找到最适合自己的那个题量和难度，才是最好的。

首先，从学科的学习特点来看。

数学、物理两个科目，稳定的练习量是成绩稳定且优秀的前提。需要孩子有足量配套的课时练习，对所学内容进行巩固。

语文、英语基础字词、单词的掌握，阅读能力的高低，也需要在做题中进行检验。适合按照考试中的模块进行模块练习，比如语文基础知识、现代文阅读理解、英语阅读理解、完形填空等，这都是孩子学习中容易出现问题的模块。孩子要根据自身学习情况，有针对性地选择题目进行练习。

化学和生物因为题目和生活关联度高，需要通过刷题补充书本知识和生活实际的联系。同样需要有配套的课时练习进行巩固，需要注意的是，要做好与生活实际关联紧密知识点的积累。

另外，物理和化学的学习都比较重视实验，除了要对课本中的实验足够熟悉外，还要对实验题目进行专门的练习。

地理因为对图形掌握的要求较高，需要通过填图练习来巩固，加深记忆。

道德与法治（政治与法治、政治）和历史简答题的设问方式灵活，孩子需要多见，学习如何将知识点与题目相关联。练习时如果时间紧，可以只选择简答题进行专项训练。

其次，从题目的难度来看，要选择适合孩子当前水平的题目，成绩一般的就从基础题入手。成绩中等偏上的，就要以中档题为主。成绩处在前列的孩子，可适当练习难题。

就像我们前面说的，除了要做好"舒适区"内题目的巩固，还要练习"成长区"的题目。逐渐扩大"舒适区"的范围，成绩也会随之发生改变。

对孩子的学习来说，适当的练习是非常必要的。在学校作业多、任务重的情况下，可以将自己的刷题练习与学校的作业相结合。如果学校作业少，练习不足以支撑孩子的学习，可以选择适当的习题做补充。

总之，我们并不提倡题海战术，练习的目的也不是盲目积攒刷题的数量，而是让孩子在接触题目的过程中，巩固所学，发现自己在学习上的漏洞。

2. 重视错题

做完练习题后，千万不要只是简单判个对错，统计个正确率。这样学习，不管刷了多少题，最多只能提升做题速度，对成绩的提升是没有多大帮助的。

在平时的练习中，对孩子来说，做错的题目比做对的题目更有价值。成绩越好的孩子，越重视错题。

做对的题目，只能告诉我们学会了什么。但我们做题除了巩固所学之外，更重要的是查漏补缺。

通过对错题的复盘分析，让"元无知"暴露出来，才能让刷题发挥最大的效用。

前面我们也提到了，很多孩子之所以错过的题一错再错，主要就是因为没有掌握正确的改错方法。

第五章　如何用费曼学习法制订专属提升方案

我在一对一咨询中，帮助过一名初二的孩子，帮他用一学期的时间，使数学成绩从 75 分提升到了 142 分。在这个过程中，没有什么"灵丹妙药""必胜绝招"，靠的就是踏踏实实打基础，认认真真改错题。

整理错题，绝不只是简单地把错题抄到错题本上。完整的改错分为四步，具体如图 5.2 所示。

第一步　整理错题
把错题整理到错题本上
不用拘泥于形式

第二步　分析错因
分析清楚是审题错误，是计算错误，还是知识点不理解？还要多问一句"为什么"，找到出错的根源

第三步　分类整理
按照题目类型进行归类

第四步　错题重做
检验标准：又快又准

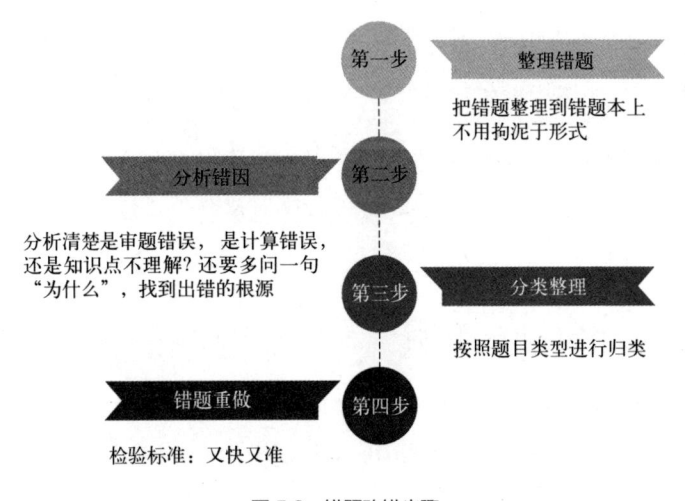

图 5.2　错题改错步骤

第一步，整理错题，就是把错题整理到错题本上。这一步有的孩子喜欢自己手抄，觉得那样自己的印象更深刻，那就自己动手把题目誊抄到错题本上。也有的孩子觉得抄和不抄差别不大，在这种情况下，为了提高效率，可以直接把错题剪下贴在错题本上，也可以用错题打印机打印后贴在本子上。

第二步，分析错因。重点是分析清楚是审题错误，是计算错误，还是知识点不理解？然后还要多问一句"为什么"，找到出错的根源。

第三步，分类整理。整理错题我更建议选择活页本，好处是可以把同类型的错题放在一起，一段时间后，就能清晰地看出哪个知识点、哪个类型题出现的错误最多，这些就是后面学习的重点。

第四步，错题重做。这就要求孩子定期拿出错题本，盖上下面的解题步骤，重新再做一遍，看能不能又快又准地完成解题。做题速度可以反映出对知识点掌握的熟练程度，准确性可以看出解题的规范性。两点都能做好，这道错题就可以从错题本中拿出来了。

3. 在分析中找到方向

所谓分析，并不是简单地分析对错，而是要分析题目做错背后的原因是什么。各学科错因的分析逻辑如图 5.3 所示。

对于语文来说，要关注是知识点的错误，还是学习习惯的错误；是有生字词没掌握，答题模板不熟悉，答题语言不规范，还是字迹潦草、审题不仔细。

对于数学来说，要关注是审题的错误，还是计算的错误；是概念、公式不熟悉，还是难题、综合题的解题能力不够。

对于英语来说，要关注是单词、固定搭配不熟悉，还是语法点没有掌握；是平时练习量不足，还是课文、范文背诵不够。

各学科错因分析逻辑

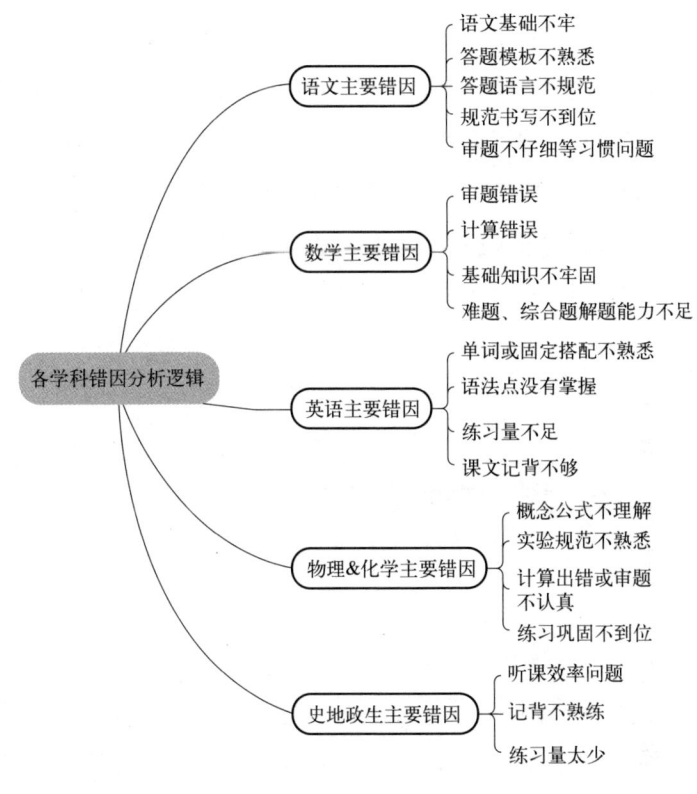

- 语文主要错因
  - 语文基础不牢
  - 答题模板不熟悉
  - 答题语言不规范
  - 规范书写不到位
  - 审题不仔细等习惯问题
- 数学主要错因
  - 审题错误
  - 计算错误
  - 基础知识不牢固
  - 难题、综合题解题能力不足
- 英语主要错因
  - 单词或固定搭配不熟悉
  - 语法点没有掌握
  - 练习量不足
  - 课文记背不够
- 物理&化学主要错因
  - 概念公式不理解
  - 实验规范不熟悉
  - 计算出错或审题不认真
  - 练习巩固不到位
- 史地政生主要错因
  - 听课效率问题
  - 记背不熟练
  - 练习量太少

图 5.3　各学科错因分析逻辑

对于物理、化学来说，要关注是概念公式不理解，还是实验规范不熟悉；是计算出错，还是审题问题；是练习巩固不够，还是学习习惯问题。

对于历史、地理、道德与法治（政治与法治、政治）和生物四门来说，要关注是听课效率不高，是记背不熟，还是练习量太少等问题。

那么，孩子要如何确定上述问题？

这里我们可以应用费曼学习法的逻辑，让孩子拿到错题后，自己讲解题目，对照解析。

在讲解的过程中，注意要讲清楚解析的答题思路，同时对比分析自己的答题思考过程，看自己是在哪个环节出了错。

遇到讲不明白、讲不通的点，那就是孩子最需要重视的"元无知"的存在。

二、发现学习中的薄弱环节

每个人在学习中都有自己的强项和弱项，有的人擅长知识点的理解和记忆，却不擅长知识的拓展和举一反三，而有的人却正好相反。强项是什么，弱项又在哪里，我们不能一直指望别人帮我们指出，而是要靠自己去发现。在这个过程中，就需要我们不断地检验学习情况，查找学习中的薄弱环节。

为什么要找到学习中的薄弱环节？

据说费曼曾在法兰克福的兵工厂工作过一段时间，当时军队有一名中尉会不定期地去检查他们的工作情况。但兵工厂的老板告诉他们，为了防止中尉胡乱发号施令，影响工作进度，关于工作的事情，什么都不要告诉他。

工作逐渐上手后，费曼开始瞒着中尉为炮兵设计一些设备。

有一天，中尉问费曼："假定观察员和炮手不在同一个位置，你们怎么处理这个事儿？"

中尉无意间的提问，却把费曼吓坏了。因为他在设计设备时，完全忘了炮兵和观察员可能不在同一个地方的问题。所以他的设计都是在极坐标的基础上进行的计算，也就是只用角度和半径的距离去进行了计算和设计。

如果是用 XY 坐标的话，对于观察员和炮兵不在同一位置的问题，只要做简单的加减法就能解决，但用极坐标的话，问题就会变得非常复杂。

费曼这才意识到，一直瞒着中尉做设计，虽然不会因为中尉的"突发奇想"耽误工作进度，但同时也失去了让中尉结合炮兵实际，检查设计合理性的可能。

在那之后，费曼参与任何项目时，都会充分调研实际数据，在设计的过程中，不断地对方案进行检查和修正，以免最终出现问题。这个故事只是传闻，也许并未真实发生，但却说明一个事情，即：只闷头做事，不检查校验，再厉害的人都会出错。学习中更是如此，只是一味地听课、读书、学习，在这个过程中没有适当地检查与纠偏，只等最后的大考，风险实在是太大了。及时发现问题，及时调整学习规划，才是明智的做法。

我在咨询中遇到过一个成绩特别优秀的孩子，他来找我的时候，成绩基本稳定在年级前 15 ~ 20 名。在很多人看来，那么好的成绩，为什么还要咨询？还有什么不满足的？

可对这个孩子来说，他还是希望能够看到自己成绩上有更大的突破，但一个多学期了，不管他怎么努力，成绩都还是在 15～20 名徘徊。这让他有点担心，担心自己的水平就在这里，没能再前进一些，不是努力的问题，而是天赋上的差异。

在咨询的过程中，我带他一起复盘了过往的学习情况。在分析历次试卷的时候我发现，有两个点是他一直发挥不太稳定的地方。一个是英语的作文，另一个是语文的作文。

英语作文偶尔会有一些小的语法错误，语文作文的成绩忽高忽低。针对他的情况，我问了他两个问题。一是英语有没有认真完成课文的背默。二是语文作文有没有问过老师评判的标准是什么，自己丢分的原因又是什么。不出所料，两个问题的回答都是否定的。

我告诉他，英语会有小的语法错误，大多数情况是因为在写句子和段落的时候，脑子里先想的是中文，然后再翻译成英文，在这个翻译的过程中会非常容易出现小的语法错误。

如果做好课文的记背，脑子里有足够丰富的英文文本，就可直接调用现成的文本，出错的概率就会大大降低。而语文作文的分数，除了书写、扣题和逻辑结构等大的扣分项外，更具体的评判标准会因人而异，搞清标准是什么，按照标准练习和考试，才能尽可能地稳定分数。

这个孩子执行力极强，咨询结束后他立马把这两点落实到位。期末考试后，我收到了孩子发来的信息，他从期中考试的年级第 18 名，进步到了期末考试的年级第 6 名。

木桶效应说，一只水桶能装多少水取决于它最短的那块木板。

学习中想要获得快速提升，关键同样在于找到那块"最短的木板"然后将它补齐。

如何确定学习中的薄弱环节？

如果认真看了前面的案例，你会发现，我帮孩子找到薄弱项的方法，是对历次试卷进行分析。因为对孩子来说，检验学习情况最直接的方式就是练习和测试。学会对习题和试卷进行分析，可以帮孩子找到学习中的薄弱环节，同时确定提升重点，以便于制订更有针对性的学习提升计划。

不同学科的特点不同，试卷的题型分布也不同，所以对试卷分析的部分，我们分学科来进行阐述，具体如图5.4所示。虽然讲的是试卷分析，但这种分析的方法，同样可以用于日常作业和练习的分析与复盘。

1. 语文

语文试卷可以按照模块来进行分析，主要有基础知识、阅读理解和作文三个大的模块。其中，基础知识又可以根据题型分为字音、字形、成语运用、病句等；阅读理解分为现代文阅读理解和文言文阅读理解两部分。

在进行具体分析时，主要是看孩子在哪些模块上有明显的丢分情况，再结合各模块的特点，找到学习的薄弱环节。

① 语文基础部分重在积累，主要的来源，一是平时学习中的积累，老师课上所讲，课本、作业中涉及的；二是通过刷题积累。

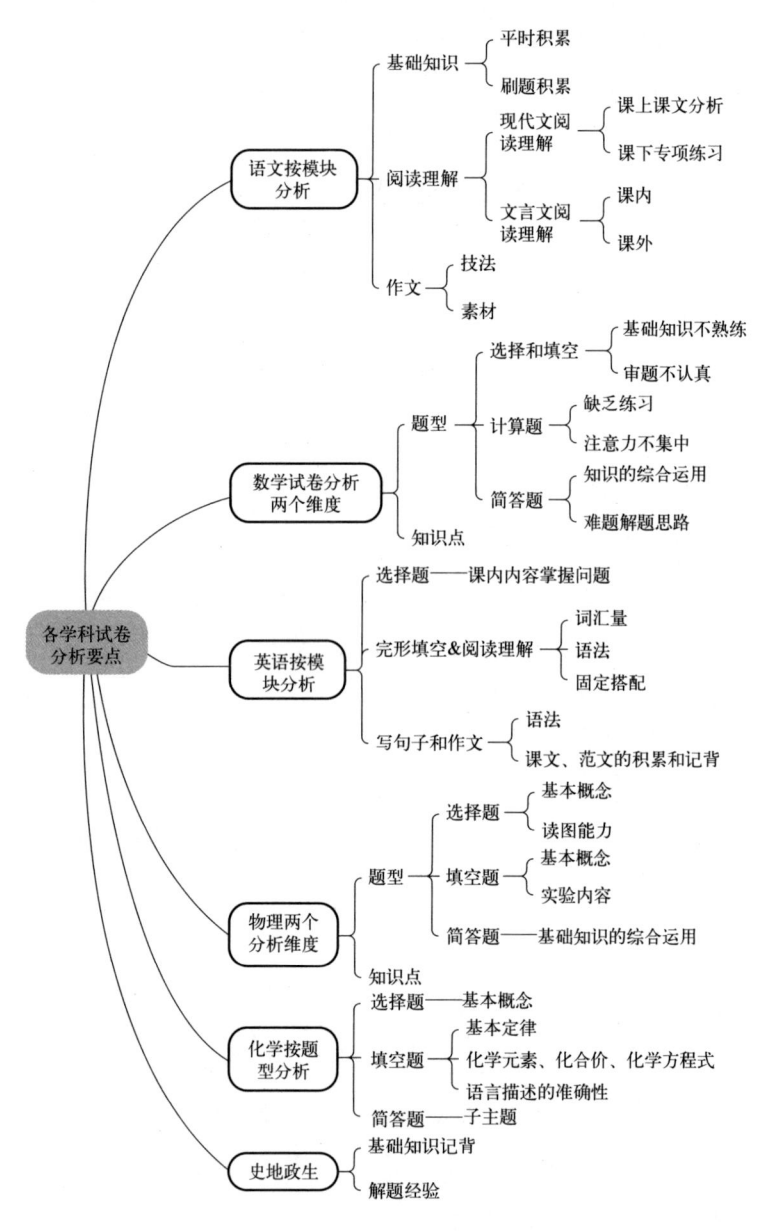

```
各学科试卷分析要点
├─ 语文按模块分析
│   ├─ 基础知识
│   │   ├─ 平时积累
│   │   └─ 刷题积累
│   ├─ 阅读理解
│   │   ├─ 现代文阅读理解
│   │   │   ├─ 课上课文分析
│   │   │   └─ 课下专项练习
│   │   └─ 文言文阅读理解
│   │       ├─ 课内
│   │       └─ 课外
│   └─ 作文
│       ├─ 技法
│       └─ 素材
├─ 数学试卷分析两个维度
│   ├─ 题型
│   │   ├─ 选择和填空
│   │   │   ├─ 基础知识不熟练
│   │   │   └─ 审题不认真
│   │   ├─ 计算题
│   │   │   ├─ 缺乏练习
│   │   │   └─ 注意力不集中
│   │   └─ 简答题
│   │       ├─ 知识的综合运用
│   │       └─ 难题解题思路
│   └─ 知识点
├─ 英语按模块分析
│   ├─ 选择题——课内内容掌握问题
│   ├─ 完形填空&阅读理解
│   │   ├─ 词汇量
│   │   ├─ 语法
│   │   └─ 固定搭配
│   └─ 写句子和作文
│       ├─ 语法
│       └─ 课文、范文的积累和记背
├─ 物理两个分析维度
│   ├─ 题型
│   │   ├─ 选择题
│   │   │   ├─ 基本概念
│   │   │   └─ 读图能力
│   │   ├─ 填空题
│   │   │   ├─ 基本概念
│   │   │   └─ 实验内容
│   │   └─ 简答题——基础知识的综合运用
│   └─ 知识点
├─ 化学按题型分析
│   ├─ 选择题——基本概念
│   ├─ 填空题
│   │   ├─ 基本定律
│   │   ├─ 化学元素、化合价、化学方程式
│   │   └─ 语言描述的准确性
│   └─ 简答题——子主题
└─ 史地政生
    ├─ 基础知识记背
    └─ 解题经验
```

图 5.4 各学科试卷分析要点

语文基础部分需要长期积累，一次考试丢分明显，不一定是当前阶段的学习不到位，但在长期积累上一定存在着问题。

② 现代文阅读理解想要得分，一是要注重课上老师对课文的分析，尤其是涉及的答题思路、设问方式、答题模板；二是要注重专项的练习，在练习的过程中巩固答题模板，规范答题语言。

如果这部分出错较多，可以先分析是答题模板的问题，还是答题语言的问题。如果是模板、思路的问题，说明听课是孩子学习中的一个薄弱环节。如果是答题语言规范性的问题，平时练习时就要多注意。

③ 文言文阅读理解可以分为课内和课外两部分，课内是课外的基础，如果课内部分丢分严重，课外部分也不会好到哪里。课内部分丢分原因大致有两个，一是可能课上听讲做得还不好；二是可能没有认真记背实词、虚词、通假字、古今异义等基本内容。

孩子可以结合自己的学习情况进行具体分析，哪里不足补哪里。课外部分丢分除了由于课内学习没有做好外，还有可能是没有掌握课内知识向课外迁移的能力。

④ 作文部分比较特殊，就像前面案例中提到的，需要去跟老师沟通情况，因为一般家长较难通过自己的分析得出准确的结论，所以最好的办法是先跟老师沟通，找出问题所在，再有针对性地帮助孩子安排后面的学习。

2. 数学

数学的试卷分析要从两个维度来考虑，一是题型，二是知识点。只知道哪类题型总丢分还不够，要能够对应到题目背后的知识点才行。

① 如果是选择题和填空题丢分较多，一般有两个原因，一是概念和公式不够熟练，在做题时会选择错误的方式做题，最终导致结果出错；二是审题不够仔细，造成错误理解题意。如果是基础概念不熟悉，就要安排时间重新学习相关知识点。如果是审题不仔细，就要做审题的专项练习。

② 如果是计算题出问题，不管是符号写错、抄错、单纯计算错还是没有化简，同样有两个原因，一是平时缺乏练习，做题的稳定性和熟练度不够；二是做题时孩子注意力不够集中，所以"马虎"出错。

③ 简答题要求的是综合解题能力，在考试时要能把知识点快速整合到一起找出解题思路。如果是知识点不够熟悉，就要花时间巩固知识点；如果是难题没思路，就要进行难题专项训练，锻炼难题的解题能力。

难题的学习虽然可以求助老师，但真正能力的提升只能靠孩子自己。所以，难题部分除了知识点存在漏洞和练习量不够外，还需要注意是不是孩子在学习时存在畏难情绪。

3. 英语

英语试卷的分析和语文试卷的分析情况类似，同样是从题型出发进行分析。

① 英语的选择题部分，和老师课上划的重点单词、固定搭配，课文的分析，语法点的分析等直接相关。如果这部分丢分严重，说明孩子对校内课本知识掌握得不够好，可能是听课效率不高，又或者是课后缺少复习和记背。

② 完形填空部分需注重对语法和固定搭配的考查，阅读理解需注重对词汇量和理解能力的考查。这两部分丢分有一个共性的问题，就是单词量不足。如果不是单词量出现了问题，那么完形填空就需要考虑语法学习上是否存在漏洞；阅读理解需要考虑理解能力上是否有欠缺。

③ 写句子回答问题和作文的得分都跟孩子的课文学习息息相关。丢分时表现出来的问题可能是语法上的欠缺，但实际上是孩子缺少课文、范文的记背，大脑中没有足够的英文文本储备。

4. 物理

物理试卷的分析和数学试卷的分析类似，也要从题型和知识点两个维度进行。

① 物理的选择题主要考查的是基本概念的掌握和读图能力，填空题一般考查的是与实验相关的内容。选择题与填空题丢分多，主要是孩子对课本知识学得不够扎实，在基础概念、图形、实验等部分的学习上存在漏洞。

② 简答题是综合题目，要求孩子在熟练掌握基础概念、公

式、定理的同时，将所学知识跟生活实践结合。所以简答题部分丢分，可能是知识掌握不牢，也有可能是解题能力、理论联系实际的能力不足。

5. 化学

化学试卷主要有三部分，第一部分是选择题，第二部分是填空题，第三部分是简答题。

① 如果选择题丢分较多，基本上是因为基础概念不清晰，实验步骤、实验方法和结论不明确，还有就是审题出现了问题。

② 填空题如果出现问题，一般是化学的一些定律、元素周期表不够熟练导致。

③ 简答题如果问题比较多，可能是答题步骤不标准，不会熟练应用知识点，产生计算错误，化学方程式列错，配平配错等。属于熟练度的问题，也是细致程度的问题。

6. 史地政生

历史、地理、道德与法治（政治与法治、政治）、生物四门的题型相对简单，可以按照客观题和主观题进行划分。历史和政治，试卷前面是单选题和多选题，后面是结合材料回答问题；地理和生物试卷前面是选择题和填空题，后面同样是结合材料回答问题。

① 如果整张试卷都有丢分，意味着客观题错误率较高，

主观题答得也不好，这很明显是记背做得不到位。如果整张试卷错误率非常高的话，说明听课都产生了问题，必须及时进行补救。

② 如果客观题只是个别题目出现错误，需分析是存在知识点记忆不清的情况，还是审题出现了问题。知识点记忆的问题相对容易解决，而审题问题则需要在平时学习和练习中就注意。

③ 结合材料回答问题的题目，四个学科各有其学科特点，生物需要熟悉实验的步骤以及操作规范；地理需要孩子有较强的识图能力；历史、政治需要孩子会分析材料，并结合材料中的线索，找到相关知识点。

在明确了各个学科的试卷分析方法和逻辑后，最好能够建立一个试卷分析档案，可以是电子文档，也可以是纸质表格，具体形式如表5.1所示。建立档案的目的是，能够留存孩子历次试卷的分析情况。

每过一个阶段，或者到中考、高考等大考前，把历次的试卷分析翻出来，做一个纵向的对比，就能很明显地看出孩子学习的波动情况。

哪些模块是有持续提升的？哪些模块还是会经常出错？哪些知识点在刚开始学的时候就有漏洞？哪些题型是孩子一直都不太擅长的？

所有这些通过表格展现出的问题，就是孩子学习当中存在和漏洞和需要补足的点。

表 5.1 试卷分析表

学校名称：				本次考试时间为： 年 月 日				
课程名称				估分情况				
实际得分				使用教材				
命题情况	题号	一	二	三	四	五	六	
	题型							
	分值							
	得分率							
试卷范围								
错误题目1： 错因分析 改进措施								
错误题目2： 错因分析 改进措施								
思考与反思								

三、制订专属提升方案

对所有的孩子来说，学习的底层逻辑都是相同的。但是每个孩子的性格特点、家庭情况、兴趣偏好、学习习惯、学习现状等因素都有差异，所以，学习计划、提升方案不能千篇一律，适合孩子的才是有效的。

考试中常见的丢分原因及应对策略

考试想要拿高分，从正向看是尽量多得分，从逆向看就是尽量少丢分。得分的原因很简单，就是学会了、做对了。可一说到丢分，每次分析试卷都会有种防不胜防的感觉，有时候明明知识点都是会的，可一到做题的时候，就总要丢个一两分。

仔细观察你会发现，越是成绩好的孩子，越是能够清楚地说出自己丢分的主要原因是什么，然后该学习的学习，该调整的调整，很快就能看到他们的进步和提升。与此相对的还有一类孩子，每次你问他丢分的原因是什么，他总是能高度概括成两个字"马虎"，然后每次都说"下次一定注意"。可到了下次，还是免不了各种"马虎"。

在带着一对一的孩子们做了上千份试卷分析后，我发现丢分原因主要有以下四大类，具体如图 5.5 所示。

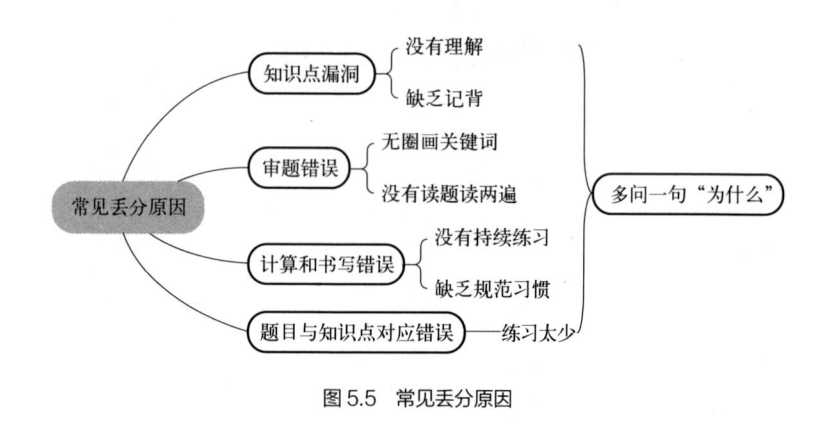

```
                    ┌─ 没有理解
          ┌ 知识点漏洞 ┤
          │         └─ 缺乏记背
          │
          │         ┌─ 无圈画关键词
          ├ 审题错误 ┤                    ┐
常见丢分原因 ┤         └─ 没有读题读两遍    ├ 多问一句"为什么"
          │                             ┘
          │           ┌─ 没有持续练习
          ├ 计算和书写错误 ┤
          │           └─ 缺乏规范习惯
          │
          └ 题目与知识点对应错误 ── 练习太少
```

图 5.5　常见丢分原因

1. 知识点漏洞

知识点漏洞是最简单也最常见的丢分原因，犯错的概率和学习的情况密切相关。会就是会，不会就是不会，这件事儿落到试卷上骗不了人。

要说知识点存在漏洞的原因，理科上主要就是没理解、不熟练；文科上主要就是没理解、没记背。

关于知识点的学习，理科要在理解的基础上练习，在练习的过程中巩固，并达到熟练运用的程度；文科要在理解的基础上记忆，尤其是历史、政治没有记背，答题就无从下手。

2. 审题错误

审题错误又可以分为两类，题目没读懂和看漏或看错关键信息，一般孩子们说的"马虎"就是看漏、看错关键信息。

对于题目没读懂的问题，有可能是因为不知道关键词、概念的含义，而导致无法理解题目，这种情况说到底还是在知识点的学习上产生了疏漏。也有可能是因为受阅读能力所限，现在的中高考，不只是语文，各个科目的大题都开始向读材料回答问题转变，对阅读能力的要求越来越高。

不同题目的设问方式可以通过总结来学习答题技巧。但阅读能力的提升，只能靠孩子长期、广泛的阅读和持续的练习。

对于看漏或看错关键信息的问题，这是孩子学习习惯和做题习惯不好导致的，要在日常练习时就严格要求，比如读题要读两遍，圈画关键词等。

3. 计算和书写错误

计算错误主要出现在数学、物理、化学的试卷中。我在做咨询的时候，无论面对的孩子多小，只要他开始了数学学习，我就会反复强调计算的重要性。

想要提升计算的正确率，一是每天要持续进行计算练习；二是要养成良好的答题习惯，比如列竖式数位要对齐、草稿纸要分区、书写要清晰明了。

书写错误在各个科目中都会出现，数学中抄错的数字，语文中写错的错别字，英语中拼错的单词……这些都比较常见，也是比较容易被发现的书写错误。另外还有地理中的地名、政治里的专有名词、历史中的人物名字等，都是需要注意特别记忆的点，一定不能写错。

4. 题目与知识点对应错误

题目与知识点对应的问题多发生在各个科目的问答题中。比如数学的综合题，历史政治的材料题，生物、化学等科目的理论联系实际题等。

如果是出现在理科的综合题目中，需要做的是加强对知识点的理解，然后找到不同知识点间的关联，建立知识点之间的连接。

如果是出现在文科的材料题、简答题中，需要做的是进行简答题的专练，多见题目，关联就那么多，见得多了，自然就熟悉了。

最难解决的是出现在生物、化学这类联系生活实际的题目中。解决办法说起来很简单，就是平时多留心观察、多记忆。可做起来确实没那么容易，只能是多观察生活加做题，双管齐下。如果遇到实在冷门的点，也只能是放平心态，客观分析了。

在找到错因并对症解决后，最好还要能多问一句"为什么"，就是要知道为什么会出现这样的错误。找到错误背后学习习惯和学习方法上的问题。

在改错时，改正错因是一个给知识堵漏的过程，而解决学习习惯和学习方法上的问题，是从根源上减少错误出现的频次。

给孩子制订专属提升方案

所谓专属提升方案，既要能够充分考虑孩子学习中存在的问题，又要能够满足孩子的时间规划、学习习惯和性格特点，不会给孩子过多的压力,让孩子可以持续地执行下去。

在做一对一咨询时,我遇到过一个来自浙江的初一学生,我们就叫他小磊。小磊小学的时候,他的父母就一直想让他高中时出国,所以六年级之前他一直在国际学校读书。六年级时赶上疫情,父母倒也果断,立刻放弃了让孩子去读美高的想法,给小磊转回到了公立的小学,开始全心准备小升初。

虽然小升初还算顺利,但到了初中后,小磊语文上的劣势很快就凸显了出来。因为小磊原本的计划是出国,所以在小学时英语的学习下的功夫是最多的。

在初中第一次考试时,小磊的成绩处在全班的中等水平,除了英语外,其他科目的成绩都是中等。看到小磊的成绩,小磊妈妈赶紧给小磊找了一个语文的一对一辅导老师,数学给小磊增加了课时练习,希望通过学习,能看到小磊两个主科的提升。可一个学期下来,效果并不明显,小磊妈妈这才找到我,想听听我的意见。

1. 基本情况

和小磊简单沟通后,我发现他是个很有学习动力的孩子,所以给他做的计划,在时间的安排上会相对更紧凑一些。

从学科的学习上看,小磊喜欢钻研数学中的中档题和难题,基础部分却不太扎实;语文成绩虽然暂时落后,但小磊很喜欢语文老师,因此也特别喜欢学习语文;小磊的英语成绩最好,且一直都有做思维导图学习的习惯,虽然会有一点耗时;在史地政生四个科目中,小磊最喜欢学历史,但在政治一科上投入的时间最多,可成绩却最差。

从时间上看,目前小磊的数学作业效率最低,每天做完作业后最多能有 1～2 个小时的自主学习时间,周末两天各有 6 个小时左右的自主学习时间。

在了解了小磊的基本情况后,我又帮小磊进一步做了试卷分析,结合他的基本情况和学习情况,为他分学科制订了学习规划。

2. 数学

① 从试卷看,小磊的选择题、计算题的错误是比较多的。一份试卷想要成绩好,选择填空要做到基本不丢分。

这部分成绩的提升我和小磊商量要做到三点,一是基础足够牢,也就是要背诵默写概念、公式和定理;二是计算上不出错,要求小磊能动手算题,而不是简单地进行口算;三是审题,要慢一点,每道题要读两遍,要把关键的条件画出来。

② 另外,我要求小磊在家做课时练习的时候要计时,计时的目的不是催孩子完成,而是看看多长时间能完成。数学做题想提速需要两点,一是基础熟练,二是做题专注。

数学要在会的基础上提升熟练度,考试的时候,成绩才会有保障。

③ 周末几件事:一是基础概念、公式、定理的复习,可以采用问答的形式,有不熟悉的做好复背;二是一周错题的清错要保持;三是每周末要留给孩子 40～60 分钟的难题练习时间;四是

等到解题速度提升后可以添加预习，预习可以摘抄概念、公式、定理，开启学习的正向循环。

④ 预习可以今天记背公式，第二天复习基础概念；也可以今天记背公式加基础概念，第二天有针对性地做练习。这两种方法，看孩子比较适应哪一种。预习做好后，孩子的学习效率就会提升。

⑤ 孩子做难题的时候，做不出来也没关系，可按照解析理下解题思路，然后盖上答案再做一遍。第二周再重做一次，加深印象。

⑥ 孩子在第二次清错的时候要达到两个要求，一是熟练度高，二是过程要严谨。熟练度表现在做题的速度上，严谨体现在解题步骤的准确、完整和规范上，所以评判改错是否过关的标准，就是能否又快又准地做完。

3. 史地政生

（1）生物和地理

这两科如果从试卷上看没有太大问题，说明孩子上课听讲都是理解的。只需关注一下作业的正确率即可，并使用日清周清的方法，背诵知识点和做题。

周末要复习一周的学习内容，一是包含老师划的重点及生物的实验、地理的图形；二是整理一周作业中的错题，进行清错，要知道因为什么错，知识点的漏洞是什么；三是在周末安排系统练习。

(2)道德与法治（政治与法治、政治）和历史

历史在考试前，会有严格的考纲和考查范围，要跟好老师划的重点。

历史和道德与法治（政治与法治、政治）是强背诵的科目，日清的时候一定要记背好当天所学。

关于这门学科作业中的错题，选择题里的知识点看一下就可以了，不用过分关注。但是简答题的错题，要花些心思，了解老师的判分标准，要知道怎么从标准倒推答题内容。

再就是可以看看材料题扣分的情况严不严重，严重的话，就要把练习册中的材料题拿出来做专项训练。

道德与法治（政治与法治、政治）的背诵，可以在日清的时候边背边写关键词，也可以让孩子把需要记背的内容读下来录到录音设备里，有时间的时候就反复听一听。还可以每天早上安排15分钟进行早读。

道德与法治（政治与法治、政治）就是要抓基础背诵，基础背诵做得好，成绩提升才能快。

4. 语文

语文成绩的提升是个慢功夫，需要持续的积累和练习。我不建议将语文和数学安排同时强抓，一个学期同时提升两个主科，孩子的负担太重，效果也不好，可以先以维持为主，等数学成绩看到明显提升后，再来提升语文。但是有几件事在平时的语文学习中要注意。

一是要勤检查孩子的课堂笔记，怎样思考和分析阅读理解都要有记录。文言文部分，实词、虚词、特殊句式、一词多义等也都要有详细的笔记。

二是要多关注孩子的作业，语文考试中基础题目的来源就是语文课本和作业。

三是每周末要对笔记有一个强复习，老师提供的笔记、自己的错字、生字本、阅读理解分析、文言文部分等都要认真记背，尤其是文言文部分，凡是老师讲的都要记背。

四是关于作文的积累，如果没时间可以两周做一次作文练习，有时间可以每周做一次。阅读理解可以先跟着一对一的老师学习和提升。

5. 英语

英语是孩子的优势科目，主要做好三件事即可。

一是课文要能背诵默写。

二是学校老师讲的补充语法、单词等要做好笔记。

三是一周错题要做好清错。

做好这几件事，英语成绩的保持就没有问题。

6. 时间安排

① 每天固定三件事，史地政生做好日清，数学的概念复习，数学的课时练习。

② 周末时间可拆分成为四块（一般建议，周末的学习时

间一天 6 小时为宜），数学 3.5 小时，语文 2.5 小时，小四门 3 小时。余下的 3 个小时，英语占 1～1.5 小时，其余的时间做自主练习。

③ 在计划实施的第一周可先帮孩子尽量做好每天应做的事，周末的安排尽量完成就好。第二周在孩子的学习基本上轨道、学习速度上来之后，周末的学习时间松动了，可以再给孩子安排一些预习的内容。

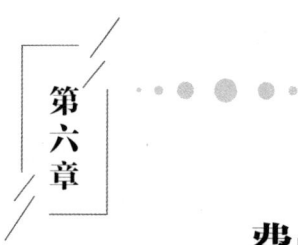

第六章 费曼学习法在阅读和写作中的应用

阅读和写作是语文和英语考试中的重要考查内容，同时也是影响各个学科学习的基础能力。阅读是写作和学习的基础，我们在阅读的过程中学习文章结构，了解文字运用，积累写作素材，同时还在阅读的过程中获取新的知识和信息。而写作通过输出的方式，倒逼我们不断扩大阅读量，增加对文字的理解，促进我们对所读、所写内容深度思考，让我们在阅读的广度和深度上不断拓展。

一、如何提升阅读能力

阅读是伴随孩子一生的能力，从学龄前的画册、绘本，到中小学时期的课本、习题，到大学时的教材、论文，再到工作后的文献资料，想要获取其中的要点，了解作者想要传递的信息，都需要我们有阅读的能力。

阅读书籍的选择

孩子小的时候有大量的时间，但是受识字量的限制，能阅读的书籍以绘本、拼音书为主。随着孩子年龄的增长，识字量增加，可以阅读的书籍种类也随之增加。可这个时候，孩子们的课业压力也随着年龄的增长、年级的升高在增加。对孩子来说时间就那么多，在繁重的课业压力下，留给自主阅读的时间就更少了，那么在繁重的课业压力下，孩子应如何选择阅读书籍，具体如图6.1所示。

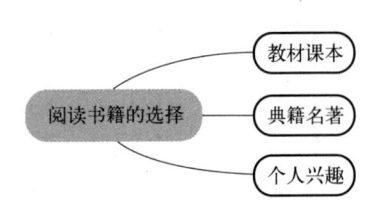

图6.1 阅读书籍的选择

1. 教材课本

孩子从进入小学起，教材就会伴随他们整个学习生涯。在孩子的学习中课本是基础中的基础，无论有多少课外的拓展读物，教材都是孩子学习和阅读的重中之重。学科的学习基础，经典的例题解析，都清楚地写在课本里。很多时候，就连那些让人挠头的考试题目，也都藏在课本的边边角角。

在安徽省滁州市2019—2020学年，某中学初中一年级的生物考试中，有这样一道题目：中医"把脉"时感受到的搏动来自哪里。当时很多孩子都被难住了，都说这题出得人偏了，孩子们的生活离中医太远，很多孩子甚至从来都没有接触过中医，哪里会知道中医把脉的原理。

可事实上，这道题就是七年级下册生物课本中的原话，只要认真看过课本的孩子都会知道。

我上学的时候，老师经常在我们耳边念叨"考试是源于课本又高于课本"。所以，想要取得好的成绩，首先就要吃透课本，在此基础上再谈能力的提升和难题的突破。

那个时候的我，对老师的话总是不以为然，觉得课本那么简单，大概翻一翻就可以了。

我第一次深刻体会到课本的重要性，是高三。我的高中同桌，高一、高二时没怎么把心思放在学习上，所以成绩一直处在班级中等。高三那年或许是感受到了高考的压力，她突然醒悟，觉得不能再这样荒废下去，用一年的时间将总分提高了200多分。

高考结束后，很多人都问她的逆袭经验是什么。她说她的方法特别简单，就是认真读了一遍每一科从高一到高三的所有课本。

书上的知识点、黑体字、粗体字、例题、课后习题，只要是课本上有的，她都能清楚明白地讲出来是什么、为什么、怎么理解、怎么用。

后来，我在咨询中也经常被家长们问道："孩子每科成绩都不好要怎么提升？""100分满分的卷子，孩子只能考到六七十分，要怎么补？"

面对这类问题，我的答案都是先把课本吃透再说。孩子们经常看不上课本，觉得里面都是最基础的内容，没什么新奇的。但考试本就不是为了考什么新奇的内容把谁难住。只有打牢基础，才有后面的拔高和创新。

所以，真的不必忙着去找什么新题、难题，教材课本才是孩子学习的基础材料。

2. 典籍名著

一到假期前，就有家长问我，到底应该如何给孩子选择课外书籍。我一般都建议孩子先读必读书目，然后再选择一些存世较久的名著进行阅读。这类书籍都是经过时间检验的好书，值得孩子投入宝贵的时间。

孩子在阅读的同时，可以学习作者大家的行文结构、文字风格，还能在阅读的同时开阔眼界、锻炼思维能力。

我儿子小的时候，我总跟他说写作文一定要注意细节描写，可怎么说他都理解不了。直到小学四年级的那年暑假，儿子自己在家读《边城》，看到沈从文笔下的湘西时，他拍着大腿说："妈妈，你总说细节描写、细节描写，我总算知道什么是细节描写了。以前你总说我写得不好，我还以为你是故意在挑毛病，现在一看，我那就是在组词、造句，根本算不上描写。"

孩子会比我们想象的更聪慧，只要能够让他们读到足够多足够好的东西，他们自然能学会分辨好坏，写出好的文章。

3. 个人兴趣

在选择阅读书籍的时候，孩子的兴趣是比较容易被家长忽略的一件事。比如有的孩子喜欢读小说，有的孩子喜欢读散文，也有的孩子喜欢悬疑、科幻，还有些孩子喜欢看天文、考古。面对孩子们形形色色的阅读偏好，家长们经常会略显功利地问我："杰妈，你说我要让孩子读那些书吗？那些书对考试没什么用，还耽误时间。可是不让他读，我又怕孩子有情绪。"

我能理解家长们的担心，但是在时间充裕的情况下，我是赞成孩子广泛阅读的，孩子的阅读习惯、阅读速度都是在兴趣的推动下进行阅读时锻炼出来的。只读"有用"的，不读有趣的，会让阅读这件事变得枯燥乏味，甚至可能会打消孩子阅读的积极性。

精读与泛读的选择

经常有家长问我，孩子在阅读的时候，到底是选择精读好，还是选择泛读好？我的答案是既要精读，也要泛读，两者相结合，找到适合孩子的精读和泛读比例，效果才最好。

泛读是阅读广度的保证，适合用于提升孩子的阅读量，拓展阅读边界；精读是阅读深度的前提，更有利于提升孩子的阅读能力。阅读的深度与广度，共同决定了孩子的阅读能力和阅读成绩。

1. 泛读

泛读是广泛且大量的阅读与自己语言能力相符的书籍和文字，是拓展阅读边界的重要方式。泛读不要求对逐字逐句进行精细化分析，阅读速度会相对更快。

泛读的目的在于发现阅读中的乐趣，无论是中文阅读还是英文阅读，都该是一件愉悦的事，而不是强制性地完成阅读任务。一般泛读的文字不会难度太高，与阅读的深度相比，更注重阅读的广度。

有研究表明，经过泛读训练的人，往往阅读的速度更快，阅读更流利，阅读理解和写作能力也会随之有一定程度的提升。

在泛读的过程中，孩子可以接触到更多的词汇、更多样的表达，这些都在无形中提升着孩子的写作技巧。

从应试的角度来看，泛读依然有着很多益处。无论是中文的阅读理解还是英文的阅读理解，考试时题目会涉及不同的话题，孩子对话题的熟悉程度，会直接影响阅读的成绩。遇到熟悉的话题，文章读起来更容易理解一些，分数自然也会更高一些。

但这种熟悉度，我们很难靠"押题"来获得。这需要孩子平时就多进行广泛地阅读，不断拓宽自己的知识边界，天文、地理、军事、百科等都有所涉猎。在学生时代，阅读的广度决定了孩子中文和英文阅读理解的天花板。

2. 精读

精读是精耕细作式的阅读，是加深阅读深度的主要途径。这里的"精耕细作"不能简单地等同于逐字逐句，而是要能够把一本书或一篇文章读懂、读透，明白它说了什么，是如何表达的，内在的含义又是什么。另外，如果其中有一些精彩的词句，陌生的词汇、语法点，也要能够在阅读的同时做好积累。

对教材、名著等重要书籍进行阅读时，可以一边阅读，一边圈画重点，不懂的地方要反复研读。同时可以对重点内容进行摘抄，边读边思考，也可以在旁边写上自己的理解与批注。

3. 精读与泛读的区别

精读与泛读都是孩子在阅读时必不可少的阅读方式，没有优劣之分，只是对应的学习模式有所不同。

泛读注重阅读的广度，对阅读量的要求是多多益善，但在选择书籍时，最好跨度不要太大。

精读需要孩子能够有整体感知阅读材料的能力，能够把握文章和书籍中的要点。

泛读是对知识面的拓展，而精读是对思维方式的训练。

阅读方法的选择

市面上有很多教阅读方法的书籍，我们在阅读方法的选择上没有一定之规，只要符合自己的阅读习惯，能满足阅读的目的就可以。

1. 逐字阅读

最开始接触阅读时，大多是从前到后，逐字逐句地进行阅读，这是我们最为熟悉的一种阅读方式，从开始阅读那天起，我们就是这样读的。只是随着年龄的增长，以及阅读需求的变化，我们不会再对每一本书都进行逐字逐句的阅读。但当捧起教材或典籍名著时还是应该端正态度，逐字阅读，避免遗漏重要信息。

2. 快速阅读

快速阅读顾名思义，就是以快进的方式进行阅读。这种阅读方式前几年特别流行，名字起得五花八门，相关课程也贵得离谱，什么量子速读、脑速读等，就是抓住了父母们希望孩子能够学会快速阅读，短时间内读取大量信息，获得更多知识的心理。

但事实上，快速阅读有局限性。比如，散文、小说一类的书籍，快速阅读根本没办法让我们体会到文字的美感，不利于培养孩子的文学鉴赏能力。

对于那些平时就比较浮躁的孩子来说，如果还没有养成良好的学习和阅读习惯，就盲目追求快速阅读，很有可能会破坏他们的学习模式。所以在选择阅读方法时，一定要结合孩子的具体情况进行判断。

相对而言，快速阅读更适合用来读实用类的书籍。快速阅读具体分为四步，确定阅读目的—快速浏览目录—重点章节阅读—

复述结论，具体如图6.2所示。

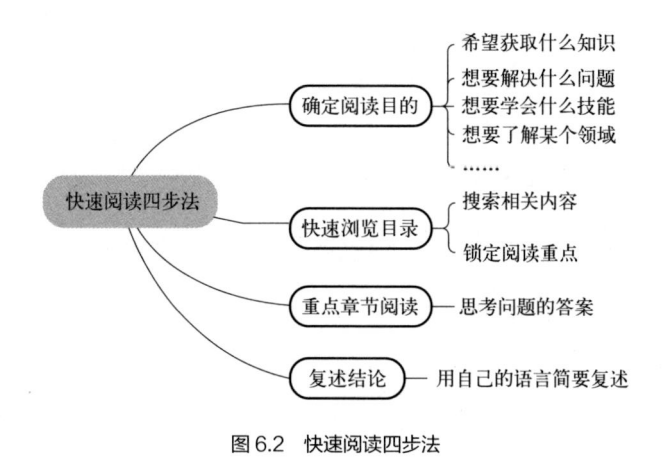

```
                    ┌─ 希望获取什么知识
                    ├─ 想要解决什么问题
         ┌─确定阅读目的─┤─ 想要学会什么技能
         │          ├─ 想要了解某个领域
         │          └─ ……
         │
快速阅读四步法─┤─快速浏览目录─┬─ 搜索相关内容
         │          └─ 锁定阅读重点
         │
         ├─重点章节阅读─── 思考问题的答案
         │
         └─复述结论────── 用自己的语言简要复述
```

图 6.2 快速阅读四步法

（1）确定阅读目的

这一步是快速阅读的关键，在进行书籍阅读之前，要先明确在这本书的阅读中，我希望获取什么知识，想要解决什么问题？我是想要学习一项技能，还是想要了解某个领域，又或者只是有某个具体问题，想要在书中找到答案？

孩子们在实际阅读时，可以准备一个阅读用的笔记本，在本子上写清楚要阅读的书籍名称，以及自己想要通过阅读解决的问题，然后再正式开始阅读环节。

（2）快速浏览目录

在确定了阅读目的之后，就可以带着问题翻开选定的书籍。通过快速浏览目录，看书中是否有与问题相关的内容，如果没有，就及时放弃；如果有，就翻开相应的章节进行阅读。

(3) 重点章节阅读

锁定所要阅读的范围后，就可以直接翻到重点章节进行阅读，并在阅读的同时思考问题的答案。这一步也可以在阅读笔记本上动手写一写，梳理问题的关键点，如果有时间也可以画一画思维导图，辅助理解问题整体的结构框架。

(4) 复述结论

完成上述步骤后，为了加深对知识的理解，也为了检验我们到底理解到了什么程度，可以按照费曼学习法的逻辑，尝试用自己的语言来复述阅读中的收获与所得。

如果在讲解过程中还有讲不清楚、说不明白的地方，就说明我们还没有充分理解，需要再次翻开书进行补漏，又或者需要再翻阅同类书籍，进行一些扩展阅读。

3. 主题阅读

主题阅读就是围绕某个主题展开阅读，适合用于集中学习某个领域、某个主题的知识。

比如我想学习读财报，我就不能只看一本《手把手教你读财报》，我还会找到《巴菲特教你读财报》《财务分析》《证券分析》等相关书籍进行阅读。阅读的同时，我还会找来具体公司的真实财报，一边阅读，一边尝试用书中的方法进行分析。

对中小学的孩子们来说，主题阅读比较适合放在寒暑假进行，一是时间相对充裕，不会因为追求阅读速度而忽略阅读质量。二是可以选择一个感兴趣的主题，利用假期时间进行集中的阅读和探索。

4. 复习阅读

复习阅读这个名字可能很多读者不太熟悉，但其具体方法，孩子一定不陌生。就是当我们读完一本书之后，不要急着把书收起来，而是拿着书再去回顾一下其中的重要部分。就像孩子在进行学科学习时用的方法一样。

我们在讲记忆效率的时候就提到过，想要提高记忆效率，就要懂得"欺骗"海马体，让它相信我们正在学习的东西是重要的。而当一个信息在短期内经常被重复时，海马体会更容易帮你记住它。

有效提升阅读理解正确率的方法

想要提升阅读理解的答题成绩，一般可以从以下四个维度来进行练习，四个维度的要求是逐级升高的，练习时不必追求一步到位；可以逐步推进。具体如图 6.3 所示。

1. 看懂

提升阅读理解正确率的第一个维度是看懂，这个"看懂"有两层含义。

第一层含义是文章中的字词全都认识，也都知道是什么意思。

对语文来说，是没有生字、生词，知道文言文中实词、虚词对应的解释。对英语来说，是没有陌生单词，也就是有足够的词汇量。

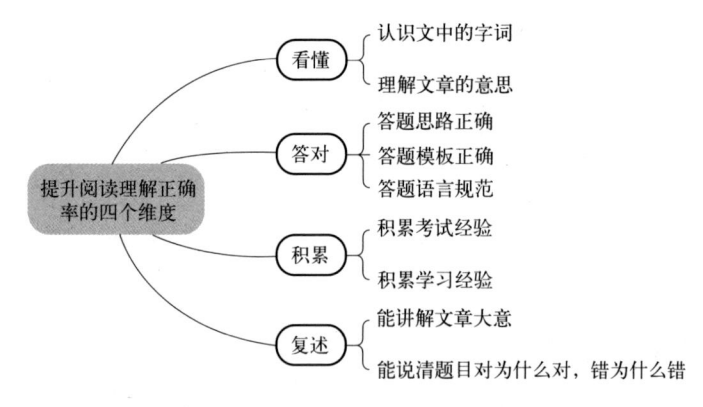

```
                    ┌─ 认识文中的字词
             ┌─ 看懂 ┤
             │      └─ 理解文章的意思
             │      ┌─ 答题思路正确
             │      │
             ├─ 答对 ┼─ 答题模板正确
提升阅读理解正确 ─┤      │
率的四个维度     │      └─ 答题语言规范
             │      ┌─ 积累考试经验
             ├─ 积累 ┤
             │      └─ 积累学习经验
             │      ┌─ 能讲解文章大意
             └─ 复述 ┤
                    └─ 能说清题目对为什么对，错为什么错
```

图 6.3　提升阅读理解正确率的四个维度

第二层含义是能够理解文章的意思。通常孩子们形容一篇阅读理解比较难，都会说"每个字词都认识，但放在一起我就是不知道什么意思"。这实际上就是阅读广度的问题。

一个词语、一段描述，如果头脑中没有相对应的概念，就会出现字都认识，但读不懂的情况。比如"上火"这个词，如果你对一个没有接触过东方文化的外国人说自己上火了，他是没有办法理解的。因为在他的认知中，压根儿就没有"上火"这个概念。这就需要孩子能持续、大量且广泛地进行阅读，不断拓展自己阅读的边界，扩大自己的知识面。

日常练习中需要注意的是，做英语的阅读理解也好，语文的现代文和文言文阅读也好，遇到不认识的单词、不理解的字词，不要急着翻阅词典去查找单词、字词的意思，要先试着通过上下文猜测一下。

因为在考试时孩子也会遇到陌生的单词和字词，猜测词意也是一项重要的阅读能力，平时练习就要着重培养。如果平时养成了遇到陌生单词就去查的习惯，考试时见到不认识的单词就会很容易慌乱，甚至影响整体的答题节奏。

另外，当遇到不熟悉的知识、概念的情况时，要先通过搜索对知识做一个初步的了解，如果还需要进一步学习，就做好记录，等有时间了再来做主题阅读进行深入学习。

平时练习遇到的问题都要做好积累，字词、单词也好，陌生的领域和知识也好，随着阅读和积累，"看懂"的能力会越来越强。

2. 答对

提升阅读理解正确率的第二个维度是，具体的题目能答对。相信大家也明白，看懂文章是基础，是做对题目的重要前提。

在这一点上，英语的阅读理解相对更简单，因为大多是以选择题的形式出现，选对了就行了。

可在中文的阅读理解中，需要孩子们可以根据题目，自己组织语言进行答题。答对的前提是，了解不同设问方式下，应该如何去文中找到对应答案；知道各种题目应该套用怎样的答题模板；能够按点答题，准确找出各个答题点；最后还要能够熟练运用学科语言进行回答。

在实际做题的练习中，可以从三个方面去寻找自己和参考答案之间的差距。

一是看自己的解题思路和参考答案的答题思路之间有哪些差距，这部分的差距主要来源于对题目的理解。

二是看自己的答题模板、答题框架和参考答案所用的答题模板有什么差距。刚开始进行阅读理解练习的孩子，可能并不知道什么是答题模板，这时就要有意识地进行积累和记背。

三是看自己的答题语言和参考答案之间的差距。很多孩子跟我反馈说，每次做阅读理解自己的答案都和参考答案差不多，可是一到考试，总会丢那么一分两分。这一分两分大多就是丢在了答题语言上。每个学科都有自己学科的标准答题语言，答题时要用标准答题语言来进行表述。

我经常给孩子们举例说，如果平时我们在街上遇到，我问"你吃饭了吗"，你是可以直接回答我说"我吃了"的。但如果放在阅读理解的题目中，我们的表述就要更书面、更规范，我会说"你用餐了吗"，你要回答"我用过餐了"。

意思是一样的意思，但背后透露出的是，你是否真正了解这个学科的语言规范。在日常学习中，我们可以通过刻意练习来有针对性地提升学科语言的规范性。

刻意练习应做到以下四点，具体如图 6.4 所示。

```
                    ┌── 带着目的进行练习
                    │
                    ├── 离开舒适区
         刻意练习 ───┤
                    ├── 持续获得反馈
                    │
                    └── 大量重复性训练
```

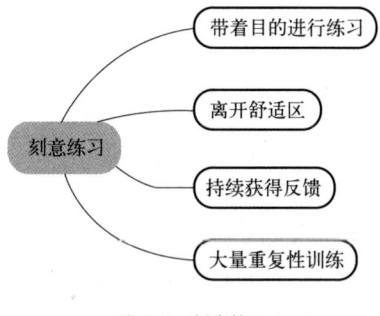

图6.4 刻意练习

（1）带着目的进行练习

在带着目的练习的过程中，我们会对自己有更高的要求。在进行阅读理解的练习时，我们的目标就是不断向参考答案靠近，梳理自己的答题思路，熟练掌握并运用各种答题模板，同时规范自己的答题语言。

（2）离开舒适区

练习时要选择那些伸伸手才能够到的题目，题目太过简单，是没有办法达到练习和提升目的的。

（3）持续获得反馈

做题也好，学习也好，反馈对我们而言都非常重要，知道哪里做得好，哪里做得不好，才能清楚地知道改进的方向和要如何提升。

（4）大量重复性训练

重复性训练，是根据过往练习中获得的反馈，不断修正和调整自己的学习方式、学习方法。

3. 积累

第三个维度是积累，包括考试经验和学习经验的积累，也包括我们前面提到的字词、单词、知识点的积累。

一是总结自己做过的题，对的为什么对，错的为什么错，要能够清清楚楚地把原因说出来，才是真的将文章、段落读懂读透了。

做一道题，就要有一道题的收获，盲目地追求做题数量，浮皮潦草地做一堆，效果一定没有认认真真地读懂一篇文章，做透相关题目来得好。在学习中，做题的效率和质量先于数量。

二是总结做题的经验，做语文现代文阅读理解时，要通过题目，学会答题模板，学会标准的答题语言；做英语的阅读理解时，要学会遇到不认识的单词能根据上下文猜测词意，遇到长难句要知道从哪里入手去拆分句子结构，理解整个句子。这些都是做题时的方法和技巧，需要在具体的题目中积累。

就像我们去找中医看病，老中医大多会比初出茅庐的医生更厉害。厉害在哪？就是他在多年的看诊中，日积月累下的那些经验。

4. 复述

第四个维度，也是要求最高的——复述。复述是衡量孩子总结能力的标准，同样也是费曼学习法在阅读中的应用。

如果在阅读完一篇文章后，没有办法用自己的语言讲给别人听，即便题目都做对了，也不意味着文章读透了。

这一步对孩子们来说难度相对较高，开始时父母可以有意识地进行引导。比如，在孩子们完成一本书的阅读、一篇阅读理解的练习后，可以问问孩子从中读到了什么？自己有怎样的理解和思考？对于做错的题，错在了哪里，应该如何修正？对于做对的题，是如何利用过往经验回答的？

按照"阅读—做题—积累—复述"的顺序进行练习，很快就能看到阅读能力的明显提升。

二、作文素材积累

作文让很多家长和孩子非常头疼。很多时候孩子看到作文题目，明明脑子里有想法，可落到笔头上就变得空洞、无趣，写到最后变成了为了满足作文要求在生硬地凑字数。出现这个问题的关键就在于，孩子们日常积累的素材还不够。

作文素材的主要来源

一说起作文，我最常被家长和孩子问到的问题是："都说要做素材积累，可这作文素材到底要去哪里积累？"而我一般会回答说，生活中处处都是素材。

这话不是敷衍，也毫不夸张。作文素材的来源可以分为两大类，一类是自己的，一类是别人的。具体如图6.5所示。

```
                        ┌─── 从自己的生活找素材
              ┌─ 自己的 ─┤
              │         └─── 从自己的所思所想找素材
作文素材主要来源 ─┤
              │         ┌─── 广泛阅读
              └─ 别人的 ─┤
                        └─── 听到看到的内容
```

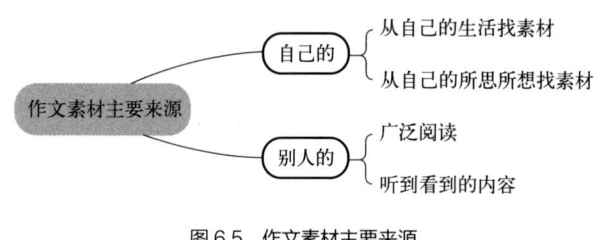

图6.5 作文素材主要来源

1. 自己的素材

所谓自己的素材，包括自己的经历和自己的观点。可以是平日自己身边发生的事情，也可以是自己对周遭事件、热点新闻的所思所感。

（1）从自己的生活找素材

对孩子来说，日常生活和学习时身边发生的和遇到的事情，都可以成为写作素材。可以是外出就餐时，旁边餐桌人们的聊天；可以是假期出游时，看到的一片绝美风景；可以是学校运动会上，同学间相互鼓励的感动瞬间；可以是日常生活中，同学们化解冲突握手言和的小故事；可以是一次考试失利后，在父母的鼓励和帮助下奋起直追，最终通过努力取得好成绩的经历；也可以是和隔壁邻居的一次对话。只要孩子们在生活中多观察、多留心，就会发现有很多可以写的素材。

(2)从自己的所思所想找素材

如今我们身处于一个信息爆炸的时代,每天都会听到、看到很多的新闻、事件。相同的是新闻和事件本身,不同的是每个人对事情的态度、观点和感受。即便只是出门时看到邻居家孩子摔了一跤,父母想到的可能是家长看护不够用心,孩子想到的可能就是小朋友走路不太小心。不同的思考角度下讲述出来的故事,是两个完全不同的故事。

生活中处处都是素材,关键是你要如何记录与应用。

有一次,我儿子要写一篇科技想象文,他想写自己发明了一个高科技的产品,但是一直想不出发明的是什么,为了这个事苦恼了好几天。后来他自己在搭乐高,拼装到一个房间的小门时,突然说:"妈妈,我知道我这次的作文要写发明什么东西了。我可以发明一个时空门!"然后他飞快地放下手里的乐高,跑到书桌前,在素材本上记下了他的想法。当天晚上,用了不到一个小时,他就完成了作文的初稿。

很多时候素材和灵感都是不期而至的,我们能做的就是时刻准备好一个素材本,把素材和灵感留下,不让它转瞬即逝。在孩子的书包里,或者学习桌上准备一个本子,当出现素材的时候,方便孩子及时抓住素材、及时记录。对于素材本的格式,没有什么一定之规,最重要的是养成记录的习惯。

每个孩子都有自己的行事风格和特点,素材的记录不一定需要多工整、多整齐,只要他们的记录看起来清晰明了,用起来方便就可以了。

2. 别人的素材

所谓别人的素材,可以是别人讲述的故事,别人对一件事的观点,也可以是别人的景物描写、名言、金句,这些可以通过阅读文章、书籍,看新闻、看纪录片等方式获取。

(1)广泛阅读

阅读是获取作文素材最直接、最快速的方式。阅读的内容可以是名著、典籍,也可以是畅销书、报纸、杂志或公众号、微博、知乎等自媒体平台,甚至是作文素材书,都可以作为积累素材的来源。通过阅读进行积累,重点不是读了多少,而是能够把多少内容变成自己的文字,落到自己的作文当中。阅读除了可以帮助孩子积累素材,还能提高他们的思辨能力。思辨能力虽然不像素材那样简单直接,拿来就能用,但却是文章有思想、有深度的重要保证。

(2)听到看到的内容

可以是生活中听父母、朋友讲述的故事,也可以是在纪录片、视频中看到的片段。素材获取的途径没有一定之规。除了《河西走廊》《典籍里的中国》一类优质的纪录片外,也有一些不错的短视频同样可以成为作文素材的来源。

我自己在上学的时候,特别喜欢从《人民日报》《三联生活周刊》中搜集素材,尤其是关于故事和新闻的评论,让我有了很多可以用在作文中的观点。随着时代的变化，孩子们获取信息的途径比我们上学时更为广泛，我儿子就特别喜欢在网络上的视频里找素材，然后用自己的语言把故事写在素材积累本上，有时还会简单地写几句自己的思考和观点。

作文素材的成套积累法

有的孩子书读了很多，但留下的可用素材却没有几个，不是他们不知道要去积累素材，而是他们不知道哪些内容是可以积累来并拿来使用的。

我们可以试着换一个角度去问自己，写一篇作文的时候，都要写哪些东西？哪些是自己比较擅长的，随手就能写得出来？哪些是自己不那么熟悉、不够擅长，需要查阅资料、搜寻素材的？又有哪些是可以通过素材积累找到更优表述的？这些不够熟悉、需要积累、需要提升的点，就是我们在进行作文素材积累时的重点。

更具体点说，从作文的内容上看，一篇文章需要有金句、有故事、有观点；从作文的结构上看，一篇文章要有标题、开头段、过渡段、结尾段。所有这些内容也好，结构中的标题段落也好，都需要有所积累，考场上才不会大脑一片空白。

在具体的积累上，我们当然可以让孩子通过长时间、持续、大量且广泛地阅读，在潜移默化中获得阅读水平的提升。但如果想要更高效地为应试考试做准备，还是需要一点方法和技巧的，一般可以从素材内容和文章结构两个角度进行积累。

1. 按照素材内容积累

从内容的角度来看，不管是什么文体的文章，都需要有金句、有故事。对中小学生来说，作文以议论文和记叙文为主。其中，对于议论文来说，必备的三个要素是论点、论据、论证，需要积累的素材就包括观点、能够支持观点的素材，以及与这一观点有关的论述。对记叙文来说，如果是写景物，需要积累细节描写的句子、段落；如果是写人，就需要积累人物生平、事迹、成就，以及与人物相关的故事；如果是写事件，就需要积累起因、经过、结果等与事件相关的信息。

比如想要积累与"青春成长"相关的素材。金句素材可以是"梦想，可以天花乱坠。理想，是我们一步一个脚印踩出来的坎坷道路""敢行动梦想才生动"。

从热点事件的角度来看，大学新生向父母索要4500元生活费就可以作为一个相关的素材储备起来，在积累时要注意新闻报道中关于事件信息的描述，以及关于这件事主要的评论都有哪些，孩子也可以在旁边写下自己的看法，考试时能用自己的观点就用自己的观点。孩子的观点可能没有新闻评论中那么深刻、那么成熟，但从孩子的笔下写出会更真实。

从人物素材的角度来看，名人、身边人的故事都是可以的。比如男孩子喜欢用科比的故事来激励自己，科比在退役时的那段演讲、科比在球场上奋斗的故事都是不错的素材。在作文素材书中也经常能够看到类似的励志故事。

这里有一点需要注意的是，作文素材书和名人故事，你看得到，别人也能看得到。你觉得好的，别人可能也会觉得好。当孩子们在作文中使用了相同的故事时，阅卷老师会觉得审美疲劳，分数可能就没有我们想像的那么理想。

所以这里孩子可以多做一步，在积累的故事素材旁边写一写自己身边类似的故事，再结合自己的感受进行表述，这样素材就会新颖很多。

另外，还有一种高级的积累方式。就是同一个素材故事，作文书中都是从A的角度去写，我们在做积累的时候可以思考一下，这个故事是不是还能从其他角度进行表述。虽然故事相同，但你有新的观点，能写出新意，也是可以让人眼前一亮的。

在日常的阅读中，读到比较有深意的故事、句子、观点，都可以记下来，然后自己标注好可以用于哪类文章，一套完整的作文素材就完成了。

2. 按照文章结构积累

从文章的结构来看，一篇文章的行文顺序是"标题—开头段—过渡段—结尾段"。这种积累方式比较适合在已经有确定的作文主题时使用。

还是以"成长"为主题，举个例子。

我们的标题可以是《成长里的一点甜》，这个标题确认了整个文章的方向，接下来就是去寻找和"一点甜"有关的内容。

我在阅读时看到一段话"成长，既是一个不断失去的过程，亦是一个持续蜕变的过程。一路荆棘丛生，一路繁花似锦；一路泪浸青衫，一路欢声笑语。"我发现这段话特适合用在文章的开头，这样我的开头段就确定下来了。

然后我可以再去看看那段话后面的内容，看看有没有其他适合的句子，也可以看看还有没有其他人也说过这类的话、写过这类的句子。

写完开头后，我要开始写中间的部分，在叙述的过程中，我可能会遇到需要过渡、转折的内容。就以"成长"为关键词再去进行搜索。

比如这句，大意是："'成长'一词，预示着明天，蕴藏着变化。为追寻成长的意义，我们或因不知所向而畏缩不前，或因看不到重点而踟蹰迷茫……"特别适合用于过渡，那我就把它拿来，放在我的文章中。

当整篇文章基本完成后，到了结尾部分，就需要找一个有概括性又有一定高度的句子，总结和升华我的整篇文章。我选定了"成长是生命，是沉淀，是阳光吻过的痕迹。从蓬头稚子到翩翩少年，我们的阅历日渐丰富，我们的世界愈加多彩。"这句。

你看，这样一来，我的整篇文章就被我的素材串联起来了，我要做的就是把中间部分用我的故事素材填充完整就可以了。

在按照文章结构进行积累时，需要注意的是，为了避免抄袭的嫌疑，不要从一篇文章中整个照搬，可以借鉴别人的结构和出彩的句子，文章的主体还是要自己动手来写。

读到这里，相信你也看出来了，按照内容积累和文章结构积累的素材并不是严格区分、非此即彼的。

我们在实际运用时，需要将两种方法结合起来，才能让整篇文章既有严谨的结构和漂亮的过渡文字，又能保证言之有物，让文章内容生动翔实。

3. 素材积累实例

最后，我们再以庄子为例，来演示如何完成一次成套的素材积累。

人物：庄子

年代地域：战国时期

称号：道家学派代表人物

事迹成就：庄子是道家学派的代表人物，与老子合称为"老庄"。庄子为人淡薄，崇尚自由，一度拒绝楚威王为相的邀请，在辞去宋国官职后，南游诸国。晚年课徒著书，主张"天人合一"，追求"清静无为"。其代表作《庄子》，文风开阔，想象丰富，哲理引人入胜。

金句：

① 人生天地之间，若白驹之过隙，忽然而已。——《知北游》

② 井蛙不可以语于海者，拘于虚也；夏虫不可以语于冰者，笃于时也。——《秋水》

关键词：突破束缚，拥抱自由

运用示例：

① 圣哲多寂寞，翻开古书，仿佛能听到故纸堆中传来先贤的幽幽喟叹，唯有庄子逍遥超脱，不为世俗烦恼所困。

② 他观摩天地，驰骋想象，所以可见"抟扶摇而上者九万里"的鲲鹏，可闻"吹万不同"的天籁，坐忘烦忧，"若夫乘天地之正，而御六气之辨，以游无穷者"。他以"不滞于物"的态度来对抗物欲横流，于自然无所谓，于俗世无所累，达到了"天地与我并生，万物与我为一"的忘我境界。

③ 仿若夜中一轮月，庄子的所思所论从不与日争辉，却以清辉净化万物，告诫世人：唯有破除心灵的束缚，放下精神的包袱，才能获得真正的思想自由。

4. 素材积累本的建立

素材积累本不需要多复杂，只是建议选用活页本，方便摘抄后按照主题进行分类整理，这样到了考试前、写作文时，就可以按照主题集中复习。

需要注意的是，素材积累本中不能只有摘抄，还要能够在摘抄内容旁写上自己的观点、感受，以及想要应用于哪类作文。如果能够写出自己身边发生的类似故事就更好了。

如何将素材变成自己的文字

很多孩子积累作文素材的方法，就是把书上的金句、名人故事认认真真地抄在素材本上，之后几乎不会再去翻看，更别提把素材写进自己的作文里了。

可是如果作文素材的积累，仅停留于摘抄这个动作，那么所谓的积累只是一次无效的劳动。毕竟我们积累的目的，不是为了让积累本上的文字变多，而是能够让所积累的素材为我所用。

真正有效的素材积累，是能够把听到的、看到的故事，与自己的思考、经历相结合，形成一段有自己情感和观点的文字、而这个将书上的文字、别人的故事，转化成写作素材本身的过程，就是对费曼学习法的一次应用。具体如图6.6所示。

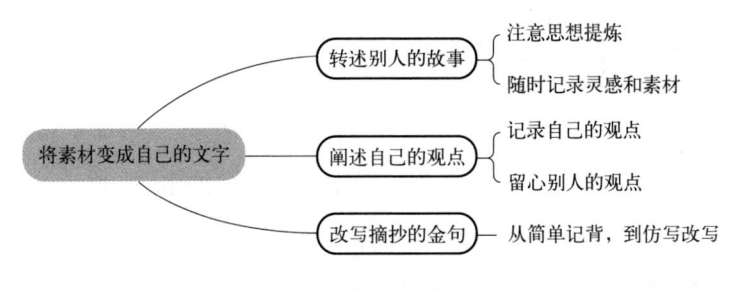

```
                          ┌─ 转述别人的故事 ─┬─ 注意思想提炼
                          │                 └─ 随时记录灵感和素材
将素材变成自己的文字 ─────┼─ 阐述自己的观点 ─┬─ 记录自己的观点
                          │                 └─ 留心别人的观点
                          └─ 改写摘抄的金句 ─── 从简单记背，到仿写改写
```

图6.6　将作文素材变成自己的文字

1. 转述别人的故事

读书、看视频、和别人聊天，都可以了解到很多别人的故事，有的故事让我们印象深刻，有的故事就只是认认真真地记在了素材本上，还有的故事甚至听过没多久就忘记了。

想要让别人的故事可以为我所用，就要学会转述别人的故事。这里我们所说的转述，不是简单地把他人的故事讲给别人听。而是要能想清楚，通过这个故事，自己想要说明一个什么道理、佐证什么样的观点，又或者是想通过故事展现一幅怎样的场景。

就像前面我会讲我儿子是如何记录灵感、积累素材的；我也会在书中讲述孩子是如何在我的帮助下获得成绩提升的。我通过讲述这些故事，来帮助有需要的孩子加深对学习规划、学习方法的理解，这些故事就是我的素材。

用自己的语言，把一件事情说清楚，把故事背后的道理、能够应用的场景讲清楚，就是在应用费曼学习法的原理，将别人的故事，变成自己的。

2. 阐述自己的观点

我在帮孩子们分析试卷的时候发现，大家在写作文的时候有一个共同的弱点，就是不太会写论述。一到论述部分，孩子就是那么几句话，翻过来调过去地说，很明显能看出是在生硬地凑字数。之所以会这样，一方面是孩子年纪小，思考事情的深度、广度确实还有待提升；另一方面是平时缺少相关的阅读和练习。

每次看到热点新闻、热点事件，我们都能看到别人对事件的评论。其中有些观点和我们的相近，有些观点我们则完全不能认同。这个时候就可以尝试着说一说，相近的部分有哪些，你是怎么思考的，认同的为什么认同，不认同的又是为什么不认同。

这个过程既能锻炼孩子表达自己观点的能力，又能训练孩子的批判性思维。从短期看，可以提升孩子的论述、写作能力。从长远看，批判性思维是孩子学习新知识的重要基础。

从这一点也可以看出，阐述观点更多的是思维层面上的训练，平时多读、多练、多思考，也可以多和父母、朋友讨论，很快就能看到自己在论述上的提升。

3. 改写摘抄的金句

我有个朋友平时喜欢给公众号写文章，有一次被约稿时，编辑老师跟她说，希望文章能写得美一点。刚开始她跟我抱怨说，这辈子都没写过什么美的文字，这次真是有点为难了。可过了一周，她把文章转发给我时，我发现她的这篇文章写得充满意境，字藻秀美。

朋友告诉我说，她开始也找不到头绪不知道怎么写，于是，她就去读别人的文章，逐句拆解分析，发现其中很多特别美的句子都是改写的金句。因为她要写的文章和一日三餐有关，她就找来梁实秋、汪曾祺的散文，还看了纪录片《舌尖上的中国》，从中收集唯美的句子和场景。有的引用到自己的文章中，有的尝试着模仿改写再放进文章里，整篇文章一下就变"美"了。

这种引用、改写的方式并不是朋友独创的，很多人学习写文作，都是从仿写开始。这种情况在名人大家的诗作、文章中也常有出现。比如北宋词人秦少游，他的《望海潮》一词中，"往事逐孤鸿"就是化用杜牧《题安州浮云寺楼寄湖州张郎中》一诗中的"恨如春草多，事与孤鸿去"；"最好挥毫万字，一饮拚千钟"是化用欧阳修《朝中措·送刘仲原甫出守维扬》词中的"文章太守，挥毫万字，一饮千钟"。

所以，想要摘抄的金句能够为自己所用，除了简单地记背、直接引用外，更高级的方法是尝试改写、仿写金句，这也是帮助孩子提升文笔的一种方式。

三、高分写作技巧

我见过一些文笔很好的孩子，但到了考试却总是很难拿到高分。这是因为孩子忽略了一件很重要的"小事"。考试是有规则的，应试作文不只要求你有足够的文字功底，还要求你能在既定的规则下，完成一篇满足题目要求的文章。

紧扣题目要求

考场上，作文动笔前最重要的事就是审题，如果审题出现问题，无论整篇文章写得有多好，丢分至少都要在 10 分。所以读懂题目，严格按照题目要求构思、行文，是考试对作文最基本的要求。

1. 看懂题目要求

现在的作文题大多都以材料的形式出现，孩子要能够读懂材料内容，并根据材料提炼核心观点，再根据核心观点确定自己文章的立意。从近几年的高考题目看，"看懂"早就不再是读懂字面意思那么简单了。

比如，下面这个作文题，是一段关于围棋的材料：

"本手、妙手、俗手"是围棋的三个术语。本手是指合乎棋理的正规下法；妙手是指出人意料的精妙下法；俗手是指貌似合理而从全局看通常会受损的下法。对于初学者而言，应该从本手开始，本手的功夫扎实了，棋力才会提高。一些初学者热衷于追求妙手，而忽视更为常用的本手。本手是基础，妙手是创造。一般来说，对本手理解深刻，才可能出现妙手；否则，难免下出俗手，水平也不易提升。

不少人看了这段材料直呼没下过围棋的根本看不懂，但也有不少不懂围棋的孩子交出了满意的答卷。能否读懂材料，关键在于孩子是否拥有透过文字看到材料本质和底层逻辑的能力。

2. 看清题目细节

我在做一对一咨询的时候遇到过一个小姑娘，文笔特别好，可是有一次考试恰恰就丢分丢在了作文上。

那次考试的作文题目是，要求孩子们描写一个学校里可以见到的植物。孩子看到"植物"两个字特别开心，因为上周和爸爸妈妈逛花鸟市场，刚买了一盆兰花，却忽略了"学校里可以见到"几个字。

尽管她的描写非常细腻，也富有感情，但文章还是被老师判定为跑题，扣了10分。

所以审题不只要求孩子能够读懂文字，更要能够看清、读全题目，为了避免遗漏关键信息，孩子可以一边审题一边圈画关键点。

如果经常出现审题的问题，可以增加一些审题的专项训练。通过刻意练习，逐渐提升自己的审题能力。

重视标题金句

标题是一篇文章的"门面"，一个让人眼前一亮的标题，可以给阅卷老师好的第一印象，这也是作文高分的关键之一。

我之前看到过一个高分作文的标题——《粗粝能甘，纷华不染》。这个标题出自《围炉夜话》中的："粗粝能甘，必是有为之士；纷华不染，方称杰出之人。"意思是，能够甘愿穿粗布衣服的人，一定是有作为的人；能够不受声色荣华影响的人，才能称为杰出的人。

这八个字，简短有力，又充分展现了作者的文学素养。在阅卷时间极短的情况下，看到这样的标题，真的会让人眼前一亮。

在做素材积累时，我们常说要能够积累金句。金句的用处，一是放在文章中做观点总结的点睛之笔；二是像前面例子中那样，通过改写、化用，作为文章标题，点亮整篇文章。

选好作文结构

关于作文结构的选择，一般情况下，我会建议孩子选择"总—分—总"的结构。一是因为这是孩子们使用最多的结构，平时的作文也大多都是"总—分—总"，写起来比较顺手。二是因为"总—分—总"结构相对简单，虽然有些中规中矩，但不会出太大的问题。在没有十足把握的情况下，考场不是我们试验和拼运气的地方，稳扎稳打，在不出错的基础上寻找突破，才是明智的选择。

所谓"总—分—总"，前面的"总"是开头，总领全文；后面的"总"是结尾，总结文章，如果想要结尾能加分，就要能够在总结的基础上有所升华。这就要用到我们前面说到的金句积累了。

中间"分"的部分，又可以分为并列结构、正反结构和递进结构三大类。

并列结构是指围绕着一个主题，从几个不同的角度、论点展开叙述，各个角度、论点之间是并列平等的关系。

正反结构一般是从正反两面对一件事情进行论述，比如你要跟别人说按时吃饭这件事，在论述按时吃饭的必要性时，可以从正面说按时吃饭的好处，同时从反面说不按时吃饭对身体造成的危害。

递进结构又可以再细分为三类，一是按照时间顺序递进，比如我们在叙述一件事情的时候，可以按照时间顺序来讲述事件的发展经过。优点是方法简单容易掌握，但一不小心就容易写成流水账；二是按照"是什么-为什么-怎么办"的逻辑递进，好处是逻辑性强，叙事清晰不容易出错，但并不能适用于所有文章，对孩子的分析能力也有比较高的要求；三是情绪上的递进，情绪递进这种方式对文笔要求很高，用得好一定能成为文章的加分项，但用不好会让人觉得逻辑混乱，所以如果平时没有足够的练习，并不建议在考试中贸然使用。

巧用作文素材

去年我给孩子买了一套《人民日报教你写好文章》，孩子刚拿到手的时候喜欢得不得了，还跟我念叨说这书太好了，怎么没早点给他买。那会儿在他看来，整本书都是精华，满满是可以积累的素材。

可到期中考试结束的时候，孩子突然跟我说："妈妈，我跟你说，这套书可不能再用了，我看同学几乎人手一本，要都用这里的素材，老师还不得以为是抄袭啊。"

确实是这个道理，现在孩子都很重视作文素材的积累，家长也都会给孩子们买作文素材书。看到名人故事、热点事件，孩子也都很注重随时记录。这就会出现一个问题，你觉得好的素材，别人也会觉得好，大家都写到作文里，老师看多了会审美疲劳。好好的一个素材，用的人多了，最后谁都拿不到好的分数。

这就要求孩子在积累和使用素材的时候能够多个心眼儿，尽量避开常被引用的著名人物，素材最好能够与自己有关，比如按照别人故事的结构，来描述自己身边发生的事情。

做好精细修改

好文章不是写出来的，而是改出来的。一篇好文章，即便有精巧的构思、丰富的表达、细腻的描写，还是需要反复推敲、修改。

曹雪芹创作《红楼梦》"披阅十载、增删五次"。蒲松龄从22岁开始在路边摆茶摊，送茶换故事，收集素材，40岁完成《聊斋志异》的初稿。之后的20余年，他一直都在反复打磨和增补，直到60多岁才完成创作。40余年的创作和加工，不断地打磨和修改，才创造了这部经典巨作。

当然，在考场上没有那么多时间可用来打磨修改，在时间的限制下，无法进行太多思考，这就要求孩子把功夫下在平时。重视每一次作文的练习，认真对待自己的每一篇文章。所谓的临场发挥，不过是平时积累的集中体现。

在学期中，要认真对待老师每次布置的作文练习，且不能满足于自己写完、老师给完评分就算结束了。而是要在每次老师批改后，能够拿着自己的作文去问问老师，丢分点在哪里，有哪些是自己需要注意改正和提升的地方。

然后要按照老师给的意见，自己去做进一步的修改，之后再拿着修改过的文章，请老师给出评价和建议。只听了意见不落到笔头上，对作文的提升和改进是没有任何帮助的。

另外，每一次的修改都要留有记录，自己精修后的文章也要做好留存，经过对比，让孩子能够清楚地看到自己的进步。而那些改过、修过的地方，时常拿出来翻看，孩子就会慢慢知道自己要注意的点在哪里了。

四、语文和英语的学习策略

语文和英语两个学科的相同点是，基础字词、单词、古诗文、英语课文都是需要背诵、积累的；成绩的提升需要按照模块进行；能力的提升，虽然可以通过刷题掌握答题技巧，但更重要的积累还是在长期、大量且广泛的阅读上。

这两个学科都适合按照模块进行提升。学习中难度最大、分值占比最多的阅读和写作部分前面已经做了详细的介绍，这里就简单介绍一下这两个学科的学习策略。

语文的学习策略

语文是一个靠长期积累提升成绩的学科，语文基础知识和古诗词的积累，现代文阅读、文言文阅读和作文能力的提升，都需要长期持续地练习。具体如图 6.7 所示。

1. 语文基础部分

学校考试中的语文题目来源主要有两个，一是过往学习的基础，二是当前阶段课内同步的内容。如果之前学习基础不够牢固，还有漏洞，就要投入时间，安排做题练习，一边练习一边积累。

当前阶段课内同步的部分，要注重平时老师课上所讲、课后作业和错题的积累。熟练掌握课内生字词、成语及其含义。平时听写本和检测卷上的错误，一定要及时进行改错。每周给自己安排一定量的语文基础题目练习，少量多次、巩固高频点，可以是一周三次，每次十道题。

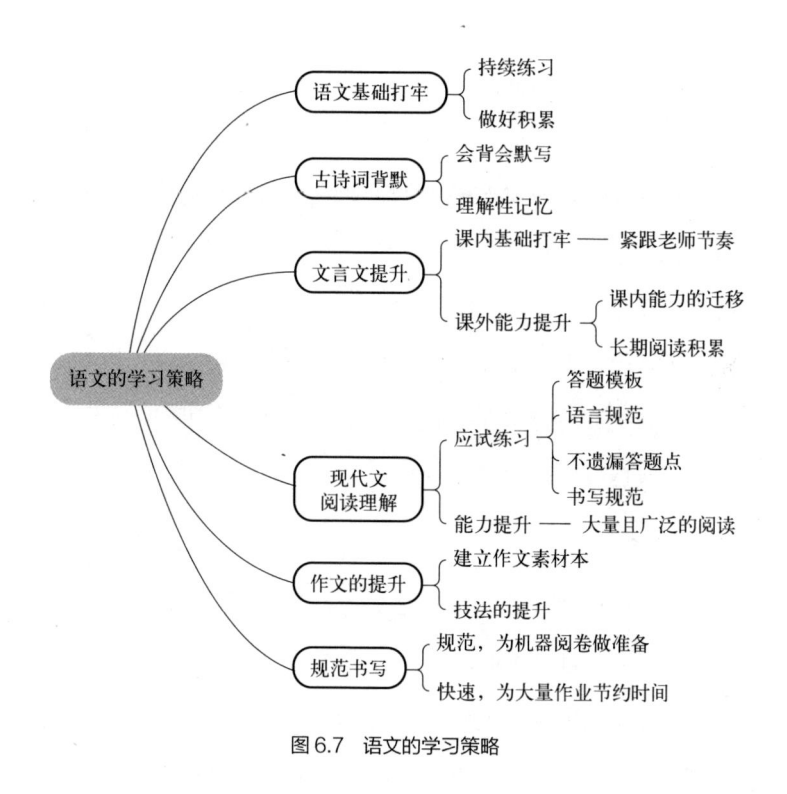

```
语文的学习策略
├── 语文基础打牢
│   ├── 持续练习
│   └── 做好积累
├── 古诗词背默
│   ├── 会背会默写
│   └── 理解性记忆
├── 文言文提升
│   ├── 课内基础打牢 —— 紧跟老师节奏
│   └── 课外能力提升
│       ├── 课内能力的迁移
│       └── 长期阅读积累
├── 现代文阅读理解
│   ├── 应试练习
│   │   ├── 答题模板
│   │   ├── 语言规范
│   │   ├── 不遗漏答题点
│   │   └── 书写规范
│   └── 能力提升 —— 大量且广泛的阅读
├── 作文的提升
│   ├── 建立作文素材本
│   └── 技法的提升
└── 规范书写
    ├── 规范，为机器阅卷做准备
    └── 快速，为大量作业节约时间
```

图 6.7　语文的学习策略

注意，学习中语文基础知识的积累也好、阅读理解的练习也好，又或者是其他科目的基础练习，一个非常重要的原则是"不怕慢，就怕站"。孩子学得慢一点、做得慢一点，这都没有关系，只要每天持续练习，都能有不错的效果。怕就怕做一周歇一周，又或者是想起来了做一做，想不起来就扔一边，这样不管学什么，都不会有好的结果。

2. 古诗词背默

我们上学的时候，总会听到老师说"好记性不如烂笔头"。说的就是动手写，能够提升我们的记忆效率。而事实上，动笔的好处还远不止如此。

从小学开始我就一直和孩子说，必背古诗词光能熟练背诵是不够的，必须要能准确默写，因为考试时的题目都是落到笔头的，不能准确默写，背得再熟也没用。

到了初中后要再增加一条要求，就是能够在理解性记忆的基础上进行背诵。所谓的理解性记忆，就是要能够理解诗词中的感情，明白时代背景。

3. 文言文部分

文言文的学习，可以分为课内和课外两部分，课内是课外的基础，基础不牢地动山摇。

课内文言文的学习要紧跟学校老师，课文中涉及的实词、虚词、通假字、一词多义、古今异义，以及重点句子的翻译，都要完全按照老师给的正确答案一字不落地背默，保证课内文言文不丢分。

课外文言文的部分，要在做好课内实词、虚词积累的基础上，学会把课内知识迁移到课外。也就是说，考试时课外文言文部分如果遇到课上讲过的字词，要先思考老师课内所讲的翻译、解释是否适用于题目的解答，如果不适合，再去思考其他意思。

想要获得文言文课外部分能力的提升，一是要打牢课内部分的基础，通过练习，学习知识的迁移；二是需要长期的阅读积累，培养语感，提升能力。

4. 现代文阅读理解

在考试中现代文阅读理解想要拿高分，需要做到答题模板熟练、答题语言标准、不遗漏答题点、书写尽量规范。听起来要求很多，但做起来并不复杂。

上课时要着重听老师对课文的分析，记背考点以及答题公式。周末，可以给自己安排两篇现代文阅读理解的练习，按照"明确考点——确定解题思路——梳理答案——书写作答"的顺序来做题。

并在做完题后逐字逐句与正确答案核对，然后复述答案学习答案中的规范表述，找出自己和答案之间的差距。对绝大多数孩子来说，两个月的时间就会看到明显的改善。

5. 作文的提升

初中的孩子，一定要建立自己的作文素材本，对凡是可以用于作文的素材进行积累。具体的提升方法，可以翻看前面的作文素材积累和高分写作技巧。

6. 规范书写

规范书写能够提升书写质量，一来可满足大量作业的要求，节约时间；二来可为机器阅卷做准备。

英语的学习策略

现在孩子英语学得都比较早，英语能力也比较强，但回归应试后，对背单词、背课文、规范书写这类要求常会表现得不以为然。小学时可能表现得还不太明显，可到了初中，如果不注意这些基础问题，是会直接影响考试成绩的。相应的学习策略，具体如图 6.8 所示。

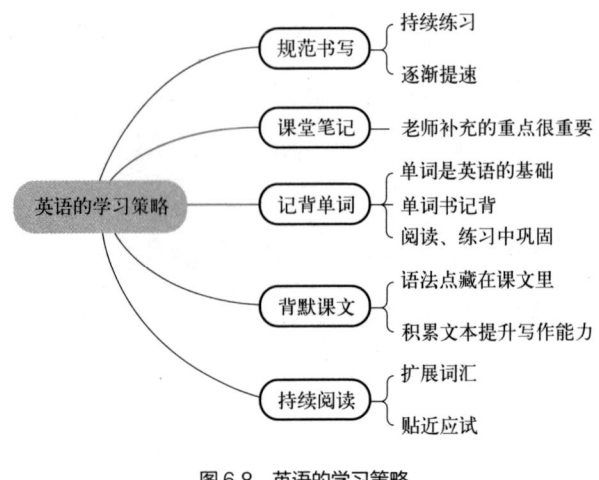

```
                   ┌─ 规范书写 ─┬─ 持续练习
                   │           └─ 逐渐提速
                   ├─ 课堂笔记 ─── 老师补充的重点很重要
                   │           ┌─ 单词是英语的基础
     英语的学习策略 ─┼─ 记背单词 ─┼─ 单词书记背
                   │           └─ 阅读、练习中巩固
                   │           ┌─ 语法点藏在课文里
                   ├─ 背默课文 ─┴─ 积累文本提升写作能力
                   │           ┌─ 扩展词汇
                   └─ 持续阅读 ─┴─ 贴近应试
```

图 6.8 英语的学习策略

1. 规范书写

大家在小学学习英语的时候，更多的是关注语音、语调，对于书写并不是那么重视。而到了中学，英语学习则要求孩子们不仅要说得好，更要能准确、规范地写出来。

一般学校都是要求衡水体或者斜体，孩子可以根据自己学校的要求选择字体。每天坚持跟着字帖练习 20 分钟，坚持一个学期就能收获一笔好字。现在无论中考还是高考都是电脑阅卷，字写得好才能保证不在书写上丢不必要的分。

2. 课堂笔记

上课时老师都会给孩子们划重点，补充词汇和固定搭配，分析语法点，讲解重点句子的翻译等。这些都是考试的重点，一定要做好记录。这样到了周末复习、考前复习时才能有据可依。

尤其是到了初中后，英语学习的内容量和难度都会增大，仅凭脑力是无法全部记住的。课上如果老师进度较快孩子没有记录完整，下课可以找同学借笔记，及时进行补充。也可以建立一些专属的符号，方便课上快速记录。比如，"重要"可以用"☆"，名词、代词可以用英文单词的缩写等。只要自己用得顺手、看得懂，都可以。

3. 记背单词

单词是英语学习基础中的基础，是刷题、提升英语能力的重要前提。没有单词的基础，做什么练习、学什么技巧，都不会有很好的效果。

刚开始背单词的时候，孩子们都会觉得很痛苦，也都会出现容易忘记的情况。这时不要慌，只要能够熬过最开始的一周，后面就会明显感觉到背诵能力的提升。至于会忘记的情况，可以在做题和阅读中进行巩固。

4. 背默课文

在初二之前，英语课文的难度并不大，可要想做到正确翻译、熟练掌握，也没有想象的那么容易，孩子需要掌握的语法点、词汇都埋藏在课文当中。所以熟练背诵课文，锻炼基本功在这个学习阶段仍是重中之重。

在英语考试中，前面选择题的正确率与课文的熟悉程度直接相关。后面的写句子、写作文，也都离不开英文文本的积累。所谓文本积累，也就是课文、范文、文章的背诵。

我知道很多孩子在考试时，喜欢先用中文思考，然后再用英文进行翻译。这样做的一大弊端在于，从中文翻译成英文的过程中，难免会犯这样那样的小错误，不如直接调用大脑中的英文文本来得稳妥。尽早养成课文背默的习惯，为后面的学习打下良好的基础。

5. 持续阅读

在英文阅读书籍的选择上，要以拓展词汇量和贴近考试需求为标准，比较推荐的有外研社的书虫系列，以及英语外刊等。事实证明，得阅读者得天下。阅读是在各种大考中所占分数比例最高的一个题型，因为它最能反映孩子真实的英语水平。阅读理解的答题技巧可以通过刷题提升，能力则要通过长期阅读来提高。

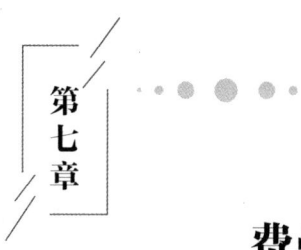

第七章 费曼学习法在理科学习中的应用

数学、物理和化学,是让很多孩子都感到头疼的学科,尤其是刚刚开始学科学习的时候,总会觉得摸不着头脑,不知道应该把重点放在哪里。只有了解学科学习特点,找到学科学习方法,才能越学越顺手,最终搭建自己的知识体系。

一、数理化的学习逻辑

数学、物理、化学虽然同为理科,但在学习的逻辑上并不完全相同,根据学科特点,了解学科学习的底层逻辑,是学好各个学科的必要前提。

数学的学习逻辑

在实际咨询中，我见过很多孩子在数学上投入了大量时间，可是不但成绩没有提升，还越学越感到挫败，越学越没有信心。

这些孩子的学习逻辑，大多是觉得，之所以数学成绩不理想，是因为自己难题突破上做得不到位。所以一味地增加难题的练习，一道题可能一两个小时都解不出，完全找不到解题突破口。

还有的家长会专门找一对一老师带着孩子练难题。几个月下来，题没少做，苦没少吃，可成绩就是不见提升，甚至还有成绩不升反降的情况。孩子觉得挫败，家长也没了信心，上来就问我："这数学是不是就学不好了？"

这真的不是因为孩子不努力才会这样，而是家长和孩子都没有搞懂数学学习的底层逻辑，所以盲目地把学习的重点锁定在了难题上。

数学是一门强思维类、纯理论性的学科。数学中的结论都是从最基本的几个公式出发，推导出一系列的定理，再由定理出发，推导出来的，从而形成整个数学的知识网。

从这一点上来看，数学的学习对逻辑能力、抽象思维、想象力等方面能力的要求都很高，每一阶段的基础学习都可能会影响到后面学习的提升。

同时，数学又是其他理科学习的基础，所以从思维启蒙到应试学习，家长们一直都特别重视。

搞懂数学学习的逻辑，根据学科点，找到适合数学的学习方法，才是让数学学习事半功倍的关键。具体的数学学习逻辑，如图 7.1 所示。

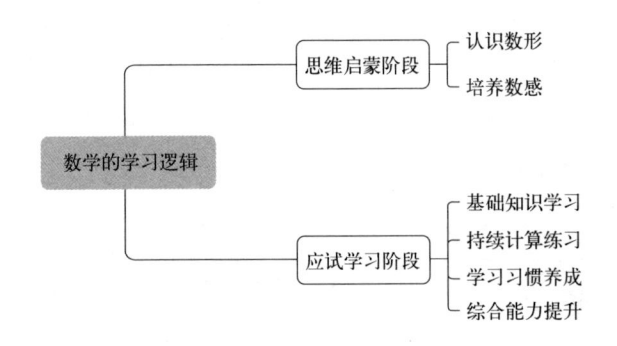

```
数学的学习逻辑 ┬─ 思维启蒙阶段 ┬─ 认识数形
              │                └─ 培养数感
              └─ 应试学习阶段 ┬─ 基础知识学习
                              ├─ 持续计算练习
                              ├─ 学习习惯养成
                              └─ 综合能力提升
```

图 7.1 数学的学习逻辑

1. 思维启蒙阶段

学龄前的数学思维启蒙，主要经历两个阶段：一是通过游戏和生活认识数形，二是通过绘本教辅书培养数感。

（1）认识数形

0～3 岁，主要是以游戏和观察的方式在生活中培养孩子对数学的认识。

据说在费曼还坐着婴儿椅的时候，他的父母就给他买了一套浴室用的白色和蓝色瓷砖，让他拿来当积木。在费曼用这些瓷砖摆放各种形状时，他的父亲就趁机教他认识形状和简单的算术原理。

生活中认识数字、形状的机会随处可见。比如在家吃水果的时候，可以引导孩子数水果的个数，或者比较两个水果的大小。

给孩子测量身高时让孩子有长度的概念。外出时也可以带孩子看身边各种形状的建筑物，开始探索对形状的认识。

还可以跟孩子比赛谁能在自己的周围发现更多的数字，电梯按键、超市的价签、汽车的车牌以及温度计、手表，身边这些常用的物品都可以加深孩子对数字的认识，也能让孩子感知到数学和生活的紧密相连。

（2）培养数感

3～6岁，可以借助成体系的教辅工具，帮助孩子更系统地训练逻辑思维。通过动手、增加手眼协调能力，可以让孩子对数学形成一些基础认知，培养孩子的学科学习兴趣。

比如用圆点卡、百数板培养数感；用七巧板、积木帮孩子认识几何图形；用数独锻炼孩子的逻辑思维。另外，还可以选择一些绘本类的书籍，带孩子走进数学的世界。

数学的启蒙没有多高深、多神秘，主要是父母要多用心，将数学融入生活当中。让孩子在感受数字、图形实际意义的同时，激发他们对数学学习的兴趣。

2. 应试学习阶段

数学的学习是有接续性的，前后知识点间会相互关联，也就是说，如果前面没学好，后面的学习也会受到影响。到了初中，数学也是物理和化学学习的基础。所以，从一开始就要做好重点、难点的学习，不给后面的学习留隐患。

进入应试学习阶段后，数学的学习主要抓两头，一头抓基础，包括基础的概念、公式、定理，基础的计算能力，以及基础的学习习惯；一头抓拔高，主要是综合题的练习和难题的提升。

（1）基础知识学习

有些孩子对数学学习的理解有个误区，总觉得数学是一个纯理科，重点就是做题，往往忽略了概念、公式和定理的重要性。但事实上，基础知识的熟练度，直接决定着孩子们做题的速度，也会在很大程度上影响孩子做题的正确率。

对于课本上的概念、公式、定理，一定要找时间复习，可以应用费曼学习法的原理，尝试用自己的语言讲给父母听，或者讲给自己听。所有说不清楚的点，都要对照课本再次进行学习和理解，平时学习中那些模棱两可的地方，都可能成为考试时的丢分项。

（2）持续计算练习

计算是数学学习的基础，又快又准的计算能力，是数学考试取得高分的重要前提之一。计算的练习不在于练习的题目有多少，而是在于一定要严格要求，且持续进行，循序渐进地提高。注意，要想做好计算题，集中注意力是非常重要的。无论时间多紧、任务多重，只要是做到计算部分，就要全神贯注地投入。

（3）学习习惯养成

数学同样是讲究规范性的学科，尤其是到了初中后，答题会要求过程与步骤的完整性和准确性，绝不是只有一个得数就够了。

规范答题的习惯，有些孩子平时不太重视，考试时丢了分，总觉得下次注意就能改正。可事实上，一旦习惯了丢步跳步，想要改正可没那么容易，不如从最初就严格按照规范作答。

（4）综合能力提升

数学的综合能力和难题的解题能力，不能只靠听课、看解析，不然就会出现"一听都会，一做就废"的情况。

老师讲得再多再好，能力的突破还是要靠孩子自己动手，在练习中检验知识点的漏洞、思维的盲区。

在进行综合性题目练习的时候，一是要注意总结分析，看不同知识点间是如何关联出题的；二是要重视错题，搞懂题目背后的知识点和解题逻辑，再配合同类型题目进行练习。有总结、有分析、有改错、有练习，才能有所提高。

在数学的学习上，家长和孩子普遍会迷信刷题的作用。但是和大量刷题相比，还有一种更高质量的刷题方式，就是每做一道题，都把题目背后的知识点、相关的题型弄懂、弄透，题目做得虽然不多，但做一道就能顶十道。

物理的学习逻辑

物理是一个强逻辑、强概念的学科，在物理的考试中，选择题、多项选择题大多都是对概念的考查，这就要求孩子们对基础概念足够熟悉，公式的描述要做到强记背。具体的学习逻辑，如图7.2所示。

```
                          ┌─ 基本概念要清楚
              ┌─ 注重基础概念 ─┼─ 基本规律要熟悉
              │               └─ 基本方法要熟练
              │               ┌─ 理论过程
物理的学习逻辑 ─┼─ 动手画图 ───┤
              │               └─ 实践过程
              │
              └─ 掌握基本模型 ── 做新不如做旧
```

图 7.2　物理的学习逻辑

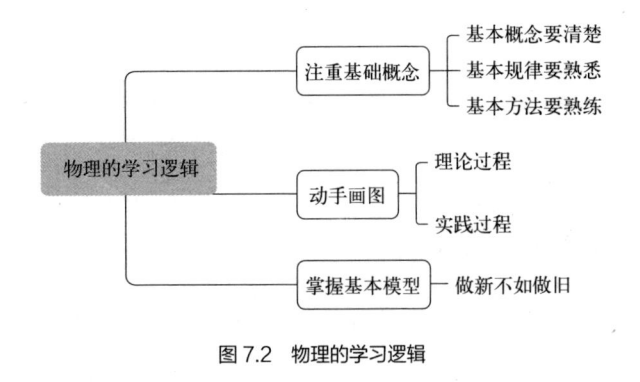

1. 注重基础概念

在物理的学习中，基本概念要清楚，基本规律要熟悉，基本方法要熟练，这些都是物理学科学习的基础。

2. 动手画图

重视物理过程，重视辅助作图。不管是理论过程，还是实践过程，学习者都要做到不只是理解，还要做到能画、能写。不论难易都要尽量画图，画图的好处是能够变抽象思维为形象思维，更精确地掌握物理过程。有了图就能做状态分析和动态分析，确保做题的准确性。

3. 掌握基本模型

物理想要做到熟练解题，就要掌握好基本模型，物理做题的原则是做新不如做旧。盲目刷新题不如把例题研究明白，把题目对应的知识点和模型弄透，就能做到举一反三。

要想做到精准表述实验题，就需要仔细学习老师关于答题的规范要求，熟悉课本上的表述方式，用物理学科的语言进行回答。

化学的学习逻辑

化学被称为理科中的文科，需要在理解和记忆的基础上完成学习。同时，化学又具有理科的特点，重规律、强逻辑。化学的具体学习逻辑，如图 7.3 所示。

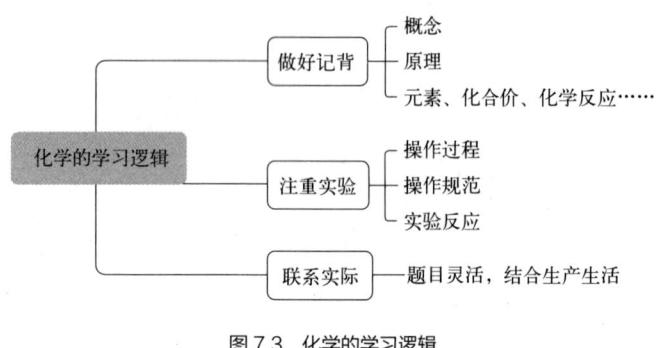

```
                    ┌─ 概念
         ┌─ 做好记背 ─┼─ 原理
         │          └─ 元素、化合价、化学反应……
         │
化学的学习逻辑 ─┼─ 注重实验 ─┬─ 操作过程
         │          ├─ 操作规范
         │          └─ 实验反应
         │
         └─ 联系实际 ── 题目灵活，结合生产生活
```

图 7.3　化学的学习逻辑

1. 做好记背

化学课本中的概念、原理、元素、化合价、化学方程式等内容，都需要熟练记背，这些是学习化学的基础，也是考试中基础题目得分的保证。

以元素为例，要记忆的细节特别多，一种元素除了元素本身外，还需要掌握它的多种相关物质，知识点又多、又散、又细碎，

这些都需要在理解和记忆的基础上完成知识点的学习和应用。

也正是因为知识点的散碎，复习时要能够善用总结归纳的方法，加深对所学内容的理解和记忆，建立知识点间的关联，比如借助思维导图梳理各个模块间的关系。

2. 注重实验

化学是一门以实验为基础的学科，实验推动着化学学科的发展和进步。拉瓦锡建立的燃烧学说，就是在实验的基础上，经过抽象的概括归纳，揭示出了现象背后的燃烧本质。

3. 联系实际

化学又是与实际生产、生活关联非常紧密的学科，化学可以用于解决生活中的实际问题，同样的，生活中的实际问题也会成为化学试卷中的考题。

据说费曼在参加"曼哈顿计划"时，就因为检察官不懂化学闹了乌龙。当时官方为了严格执行保密制度，会检查所有工作人员的来往信件，看到不合适的内容，检察官甚至会动手把相应的文字剪掉。有一次费曼的妻子在给费曼的信中写道："一氧化铝，丙三醇，热狗，换洗衣服。"这本是妻子需要的物品清单，可检察官因为不懂"一氧化铝"和"丙三醇"的作用，就把这几个词当成了需要破译的秘密，把这部分内容剪掉了。

当费曼结束"曼哈顿计划"外出见到妻子时，妻子问他需要购买的物品都去哪了，费曼一听清单明细便知道妻子是要用一氧化铝和丙三醇来制造一种黏合剂,好去修补她的玛瑙盒子,但因检察官不懂化学,使他未带回这几样东西,被妻子一顿责备。

正因为化学与实际生活关系紧密,化学考试的题目也会相对灵活。比如就曾有化学题目问:"铝表面有致密的氧化膜,那么能否用它来腌制咸菜呢?"在联系生活实际的题目中,这道题相对来说并不算难,因为大多数孩子都知道,食盐是氯化钠,其中的氯离子在溶液中会破坏铝的氧化膜,题目的答案就出来了。

二、数理化的预习重点与方法

关于预习,家长们问得最多的问题是:预习是看书还是做题?每次预习的量是多少?预习之后孩子要是上课不听讲了怎么办?

我的回答是,要看书也要适当做题;预习进度要看孩子的学习能力、承受能力,以及时间是否充足,预习不能只是盯着书本看,还要有预习本。最后一个问题是家长们问得最多的,同时也暴露出了家长们对于预习的一点误解,误把预习当成了提前学。

数理化预习的目标与重点

预习的目的不是提前完成学校的任务,而是要对新的知识点先做一个了解,提高听课时的理解力,同时找出其中不理解的点标注出来,上课的时候带着问题去听讲。这样一来,孩子会更容易抓住听课重点,提高听课效率。而提前学,是需要孩子按照学习的闭环，完完整整地提前做一遍。两者需要投入的时间和精力完全不同，一定要做好区分，根据学习的目的做好选择。

数学、物理和化学在进行预习时，主要有三个重点，如图7.4所示。

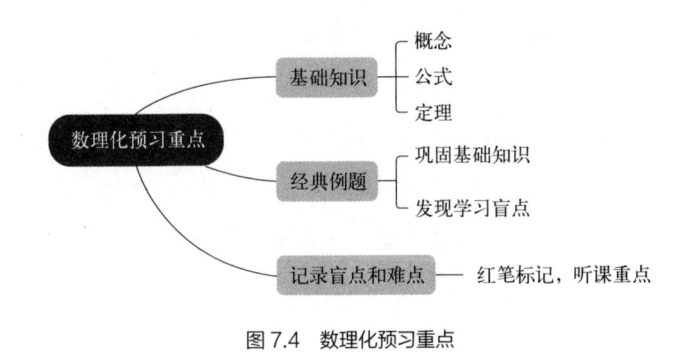

```
数理化预习重点
├── 基础知识
│   ├── 概念
│   ├── 公式
│   └── 定理
├── 经典例题
│   ├── 巩固基础知识
│   └── 发现学习盲点
└── 记录盲点和难点 —— 红笔标记，听课重点
```

图7.4 数理化预习重点

1. 基础知识

理科的学习与文科不同，尤其是数学，是在各种抽象概念的基础上，搭建起了数学的世界。基础的概念、公式、定理是理科学习的基础，也是预习时的重点内容。有了对基础概念的理解，课上才更容易听懂老师在讲什么。如果脑子里没有基础概念，听老师讲课会一头雾水。

2. 经典例题

在理科的学习中当你都学完回头看的时候，不难发现其实基本的题型就那么多，难题、综合题都是在经典例题的基础上变形得出的。

预习时要重视经典例题，一是可以在解题的过程中，巩固基础知识，加深对基础知识的理解；二是可以通过解题，看到自主预习时的盲区，确定听课重点。

3. 记录盲点和难点

就像前面说的，预习不是为了把学习的任务提前完成，而是为了确定自己学习上的盲点和难点，要在预习本上做好记录，听课前再次翻看，上课时着重听讲，如果还有没听懂、没解决的，等到下课一定要及时找老师答疑。

课后复习时，也可以对照自己的预习本，把盲点和难点讲给自己听，检验自己的理解程度，巩固学习效果。

数理化四步预习法

数学、物理和化学，都是逻辑性比较强的科目，要在基础知识足够扎实的基础上，做题练习，才会有比较好的预习效果。从学科特点来看，预习可以分为四步，如图7.5所示。

1. 备齐预习工具

工欲善其事必先利其器。学习也是一样的，工具要齐备，不要开始预习后，一会儿找找这个，一会儿又找找那个，这样不仅会分散孩子的注意力，预习效果也会大打折扣。

预习不需要做得多复杂，有课本、预习本、荧光笔、红黑两色的中性笔就够了。如果有需要还可以自己买一本知识梳理类的教辅书，辅助学习。

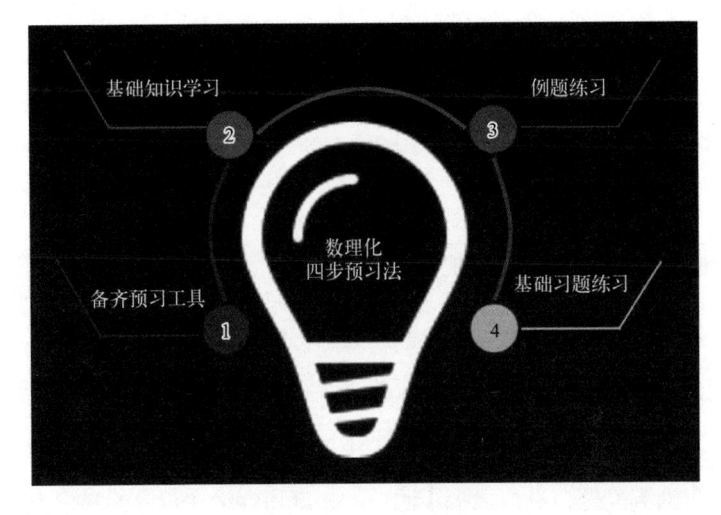

图 7.5　数理化四步预习法

高年级的孩子可以用红黑两色笔区分不同的学习内容，低年级的孩子用荧光笔和铅笔就可以。

2. 基础知识学习

通读课本，学习基础的概念、公式、定理，是理科预习中最重要的一件事。可以用荧光笔把课本上的概念、公式、定理都画出来，进行理解记忆，然后摘抄到预习本上。

摘抄一是为了让孩子们养成勤动笔的习惯，提升记忆效果；二是可以用书写的方式，让孩子们能够更认真、更专注地学习。

3. 例题练习

理科的学习只是用眼睛看和抄概念是不够的，还需要能够动手做题，检查对基础知识的理解程度。

预习时可以对照课本解析学习例题，学完之后，要动手把例题再做一遍，然后认真核对，看计算、步骤、单位、书写是否有问题。有错误的地方要及时用红笔标注并改正。

4. 基础习题练习

完成例题的学习后，最好能够再去做课后和教辅书上的基础习题，进行知识的巩固和检验。如果正确率能够达到85%以上，就说明这个知识点已基本理解了。

最后，还有一个关于预习的小技巧。在整个预习的过程中，如果遇到问题，有自己搞不明白的，就用红笔在相应的知识点或题目的旁边，画一个空心的三角小旗子。上课时认真听老师讲解，听懂之后就可以把小旗子的空心填满。

这样标记的好处是，可以清楚地记录自己在预习当中有多少是不会的，哪些是上课听讲后解决的。每一步的学习都能留下痕迹。等到大考前进行总复习的时候，自己就能按照痕迹找到学习的薄弱点，复习重点一目了然。

三、数理化的复习原则与方法

根据学科特点，搞清楚复习的原则与复习重点，选择高效的复习方法，既可以提高知识的留存率，又能在考试中取得理想的成绩。

数学、物理、化学三科在学习中的共同点是，对基础的概念、公式、定理、方程式等内容都要非常熟悉，学习时不只要熟记，更要能够熟练运用。随后，通过大量的习题练习，将这些理论知识转化为解题技能。

数学的复习原则与方法

数学想要在考试中有好的成绩，基础题、计算题是一定不能丢分的，从这个逻辑来看，数学的复习，最好的办法是抓两头。一是抓基础，概念、公式、定理一定要特别熟悉；二是要有足够题量的练习，这是数学成绩稳定的重要前提。

数学的复习要以课上笔记为基础，具体的复习方法如图7.6所示。

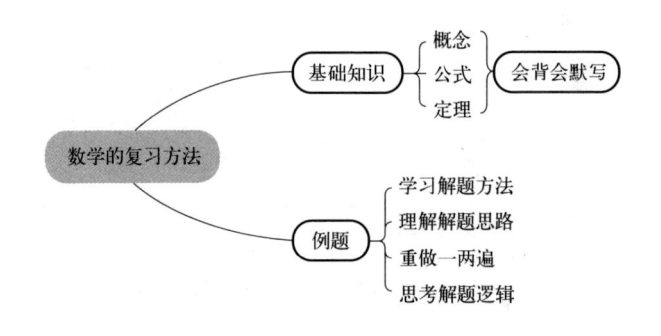

图7.6 数学的复习方法

1. 复习基础知识

孩子每天放学回家后，要能够复习当天所学的概念、公式、定理，而且要做到会背、会默写。这里需要解释的一点是，会背不是让孩子死记硬背，而是要在理解的基础上进行记背。

默写一是能够让复习的过程被看见，可以判断孩子复习的效果；二是会在实际执行中发现，会背和会写是两件事情，写下来可以帮助孩子发现学习中那些记忆不够准确的点，这些点刚好就是记忆中储存不清晰的地方。

2. 复习例题

在复习数学时，要能够对当天老师所讲的例题进行复习。复习例题的重点是，学习老师的解题方法，理解老师的解题思路，然后盖上正确答案，自己再去重做一两遍。

如果还有时间的话，可以再去思考一下，老师为什么会用这种方法解答？自己来做的话，还有没有其他解题方法？和其他方法相比，老师的方法好在哪里？

平时复习注意这样的思考和总结，孩子才能在日后做题时，懂得如何找到更快、更优的解题思路。

物理的复习原则与方法

物理是一个强复习、强实验的科目，基础的概念、公式，固定的物理模型都非常重要。因为科目的强实验性，复习时要做到把考点、概念与实验相关联。

物理复习要以课本和课上笔记为基础，具体的复习方法如图7.7所示。

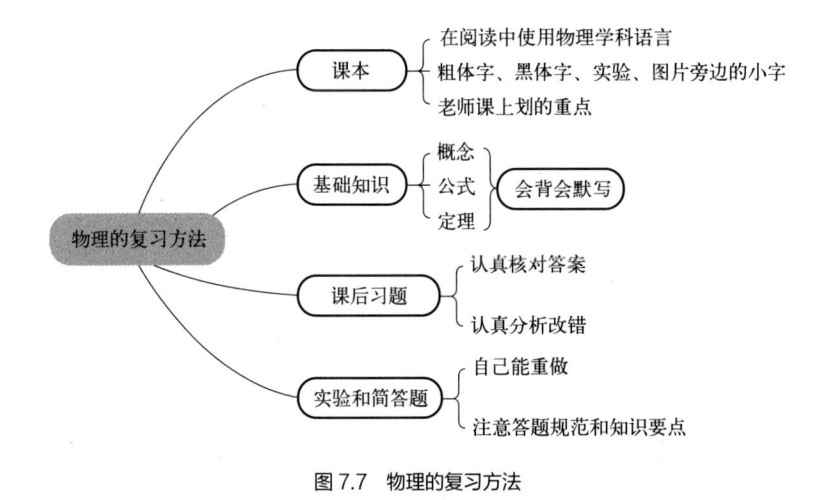

```
                    ┌─ 课本 ──── 在阅读中使用物理学科语言
                    │            粗体字、黑体字、实验、图片旁边的小字
                    │            老师课上划的重点
                    │
                    │           ┌ 概念
物理的复习方法 ─────┼─ 基础知识 ─┤ 公式 ── 会背会默写
                    │           └ 定理
                    │
                    ├─ 课后习题 ── 认真核对答案
                    │              认真分析改错
                    │
                    └─ 实验和简答题 ── 自己能重做
                                       注意答题规范和知识要点
```

图 7.7　物理的复习方法

1. 课本

和其他学科一样，物理试卷的解答也要使用物理的学科语言，准确地进行表述。最标准的学科语言在哪？当然是在孩子们的课本上。

所以，物理复习的第一步就是阅读课本，一是注意书上的粗体字、黑体字，实验、图片旁边的小字。二是听课时老师画的重点一定要用荧光笔做好标记，回家后着重复习。

2. 基础知识

理科的学习都要重视基础知识的熟练度，和数学一样，物理的复习也要能够记背并默写基本的概念、公式和定理。不要担心默写浪费时间，提升基础知识的熟练度和记忆的准确性，打牢基础，做题时才能又快又准。

学习也好，技能练习也好，所有条件反射般的快速反应，都离不开基本功的反复练习。

3. 课后习题

物理的复习需要建立在足够的练习量上，而最基础且一定要完成的练习，就是书本上的课后习题。

4. 实验和简答题

对于物理的实验和简答题，在复习时，学习者要完完整整地重新再做一遍，做的时候要注意答题规范和知识要点。

化学的复习原则与方法

化学是一个强记背、强实验、与生活关联度高的科目，需要记背的东西很多。所以，要做好化学基础知识点的整理和平时的复习与积累，不要把压力都堆积到考试前。

化学的复习和物理很像，同样要以课本和笔记为基础，具体的复习方法如图7.8所示。

1. 课本

化学复习的第一步同样是阅读课本，在阅读中学会化学学科语言的准确表达，另外就是注意书上的粗体字、黑体字、实验、图片旁边的小字；听课时老师划的重点。

2. 基础知识

所有的理科学习都要重视基础知识的熟练度，和数学、物理一样，化学的复习也要注重记背基本概念和化学方程式等。

```
                            ┌─ 在阅读中学习化学学科语言
                   ┌─ 课本 ──┼─ 粗体字、黑体字、实验和图片旁边的小字
                   │        └─ 老师课上划的重点
                   │
                   │        ┌─ 概念
                   │        │─ 化学元素
化学的复习方法 ────┼─ 基础知识 ┼─ 化合价     ──── 会背会默写
                   │        │─ 化学方程式
                   │        └─ ……
                   │
                   │        ┌─ 认真核对答案
                   ├─ 课后习题┤
                   │        └─ 认真分析改错
                   │
                   │            ┌─ 自己能重做
                   └─ 实验和简答题┤
                                └─ 注意答题规范和知识要点
```

图 7.8 化学的复习方法

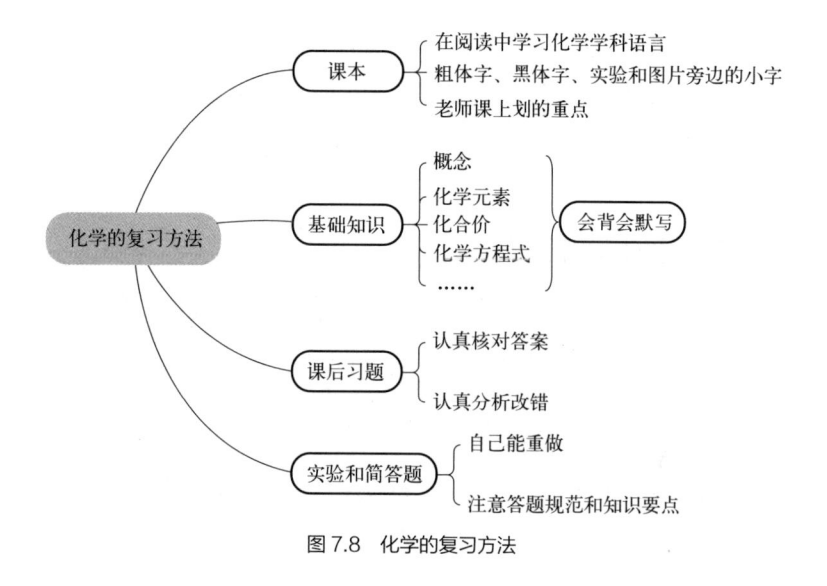

3. 课后习题

化学的复习和物理相同,也要在基础知识复习完成后,用课后习题检测学习的效果。

4. 实验和简答题

化学实验和简答题的复习与物理的复习要求一样,自己在复习时,要完完整整地重新再做一遍,并要详细写清习题的解答步骤,注意答题时的规范答题语言。

四、数理化的错题清错方法

每年高考后都会有记者去采访那些考上清华北大的学生,问

他们常年高分的诀窍是什么,十个有九个都会告诉你说,要注重基础、重视错题。练习和考试的目的就是为了找到错题背后自己学习上的薄弱点,然后根据自身情况有针对性地学习和改错。

数理化改错的原则

总有家长跟我抱怨说,孩子每次考试错的都是那几种题,孩子很努力地在刷题了,可成绩就是不见提高。错题写了厚厚一大本,可到了练习和考试时还是一错再错。

之所以会出现这种情况,原因就在于孩子没有掌握正确的错题改错方法。

所谓的错题改错,绝不是简单地把错题在错题本上抄一遍,一定要搞清楚出错的原因,从源头上解决问题,下次才能不再犯错。

而在找错因这一步,大家在实际行动上也有很大差别。我在一次训练营里,给参加的同学们布置了分析试卷的作业,结果孩子们反馈回来的表格,在错因分析那一栏写得是五花八门。

有的孩子在此栏里写的错因千篇一律都是"马虎大意";有的孩子能看到题目背后知识点上的欠缺;还有的孩子能透过知识点的掌握情况,找到自己在学习习惯上存在的不足。

错因分析是否到位,直接决定了清错的效果如何。

对于"马虎大意"这种原因,孩子会怎么改正?基本上都是"下次注意"。

能看到知识点欠缺的孩子，可以安排自己再次学习相关知识点，找同一知识点的题目进行巩固练习。其他的不说，至少再遇到这个知识点相关的题目，应该是不会再出什么大问题了。这样程度的改错是改错的第一个层级。

而那些能够进一步找到学习习惯、学习方法上存在问题的孩子，改错后就不只是这类题目不会再出错这么简单了，他在日后的学习中，学习的效率会因为这些改错变得更高，也会更懂得遇到问题要及时找老师答疑，绝不会把问题留到考试时做错了、丢了分才发现。这是改错的第二层级。

我刚开始做一对一咨询的时候，帮助过一名来自山东的初一学生。孩子妈妈说孩子其实挺听话的，安排的学习任务也都会认真完成，每天用于学习的时间特别多，可成绩就是看不到明显的提升。尤其是数学，150分满分的卷子，每次都在70分左右晃荡。每天作业、课时练习一样不差，可到了考试，还是哪哪都出错。

为了能帮孩子提升成绩，孩子妈妈看了很多有关学习方法的书，也关注了很多和我一样的教育博主。她发现大家都在说一个问题，就是重视错题。孩子妈妈也是个行动派，当天就帮孩子建立起了错题本。

可做了一个多月，错题本倒是越写越厚，孩子成绩还是不见提升，每次考试还是会在同样的问题上出错，有的错题甚至就是错题本上的原题。这让孩子妈妈和孩子都觉得特别挫败，开始怀疑是不是孩子就真的学不好数学了。

听了孩子妈妈说的情况后，我初步判断，孩子大概是概念部分学得不够扎实,错题清错也不到位。为了验证我的想法,我请孩子妈妈把孩子的试卷和错题本拍照发给我。

我看过后发现,孩子的错题本写得很认真,但他只是简单地把题目和正确答案抄了一遍,没有自己的分析和思考,也没有重新再做一遍的痕迹,更别说去寻找学习中更深层次的原因了。说白了,就是孩子的改错只停留在表面,看上去很用功,却都是无用的努力。

我随便指着错题本中的一道题问他,知不知道为什么会错?能不能说清参考答案为什么是这样去求解?孩子答不出来。

只抄错题,不去解决背后出错的原因,即便背下了错题本上所有的题目,到了考试时,只要题目稍加变形,还是会再次出错。

针对孩子的情况,我没有给他安排更多的练习任务,只是制订了基础概念复习和错题清错相结合的学习计划,教他用四步法完成错题清错。孩子也非常配合,每一项任务执行得都很到位,当然成绩反馈也非常理想,只用了一个学期的时间,他的数学成绩就从之前的 70 多分提升到了 142 分。

数理化四步改错法

在实际改错的时候,特别容易遇到这样一种情况:就是明明知道错题要改错、要分析错因、要归纳整理,但在实际操作中却做不到。

我在做一对一咨询的时候,就没少遇到过这样的情况。孩子妈妈会特别生气地质问孩子,怎么这么不认真。孩子觉得委屈,明明自己很认真地在做了,为什么妈妈还是不满意。

这时家长最该做的是，帮助孩子建立错题本和固定一个改错的流程，开始阶段可以用便笺纸写清楚每一步要做什么，贴在孩子能够看得到的地方，让他们对照标准流程逐步完成。每做完一步，就在相应的步骤后面打一个钩。等到熟悉了整个改错方式和流程，就不会再容易出现缺少关键环节的情况了。

如果你是从头读到现在，就会发现整本书里我们一直在强调改错的重要性。关于改错的方法前面也有介绍，这里我们结合数学、物理和化学三科学科的特点，再做一个详细的阐述。

一套完整的错题改错流程，应包括整理错题、分析错因、分类整理和错题重做四个步骤，如图 7.9 所示。

01 — 整理错题
手抄意义不大，可以重新打印或直接剪下原题

02 — 分析错因
是审题错误？
是计算错误？
是知识点不理解？
是答题步骤不够规范？
还是根本没有解题思路？

03 — 分类整理
按照错因或知识点归类

04 — 错题重做
又快、又准、又规范

数理化四步清错法

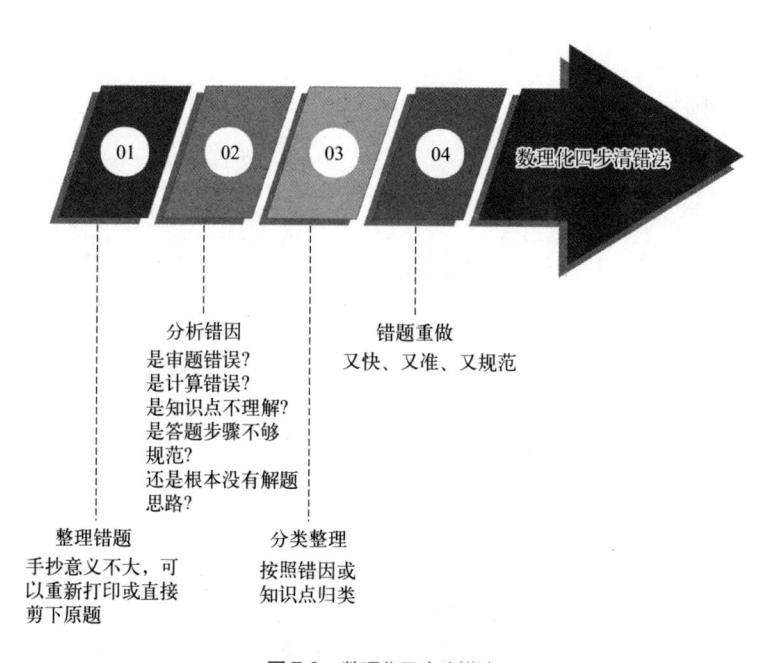

图 7.9　数理化四步改错法

1. 整理错题

在这一步有些孩子和家长会纠结于"错题是手抄好,还是直接打印好",手抄觉得浪费时间,打印又担心孩子印象不深。

事实上,这一步真的不必太过纠结,孩子觉得抄写有帮助就动手抄写,孩子觉得无所谓甚至有点浪费时间,咱们就想办法提高效率。

错题清错的重点在分析原因、解决问题、填补漏洞,而不是记住某一道题目。为了提高效率,可以直接把错题剪下贴在错题本上,也可以用错题打印机打印后贴在错题本上。

2. 分析错因

练习和考试是检验孩子学习情况的重要手段,错题、丢分都不可怕。只要通过分析错因,能够找到错题背后学习的薄弱点,有针对性地改正和提升,就能保证不再犯同样的错误。

在做错因分析时可以问自己几个问题:是审题错误?是计算错误?是知识点不理解?是答题步骤不够规范?还是根本没有解题思路?

这一步完成后,一定要在错题下面写清错题原因。不能让错题本上干干净净的只有题目和正确答案。

如果是审题错误,要知道自己是哪里没有理解,再找些同类型题目进行审题练习。

如果是计算错误,做好改正就可以。

如果是有知识点没理解,要在书中找到对应的知识点,重新进行学习,然后针对同一知识点做专项训练。

如果是答题步骤不够规范,就要在平时练习时严格要求自己,习惯的问题需要通过长期持续的练习进行改正。

如果是解题没有思路。可以找到老师课上讲过的同类例题,学习老师的分析思路和解题步骤。再找些同类型题,进行练习。

在分析错因后,如果想要加深对题目的理解和记忆,可以用费曼学习法的原理,把解题思路讲给自己听,讲清楚自己之前做错是为什么错,正确的解题思路应该是怎样的。当每一个问题都能用自己的语言说清时,第一层的分析也就做到位了。

接下来要能够再多问自己一句"为什么"。知识点为什么没有理解?是上课走神了?还是遇到问题没有及时改错?

可以很确定地说,错因分析只要做到位,基本都能找到学习习惯和学习方法上的问题。错题是表象,学习习惯和学习方法上的不足才是根源。

我们可以通过改错,解决一道题和一类题的问题,但这是亡羊补牢的做法。想要真正减少错题的出现,一定要从源头抓起。

3. 分类整理

在完成错因分析后,要根据出错原因,或者知识点,对错题进行分类整理。分类整理后,哪个知识点的学习有漏洞,哪些学习习惯还不够规范,从错题的数量就能很直观地看出来,这些就是孩子后面学习的重点。

有时间的话我们可以做一个统计表格，记录错题的错误原因和错题数量，定期调整，看看学习者学习情况的变化，这个变化就是给学习者制订学习规划、调整学习重点的依据。

4. 错题重做

错题一定要拿出来重新再做，再做时注意盖上正确的解题步骤，脱离答案。

错题不要整理完立刻就做，立刻重做无法区分学习者到底是真正理解了，还是背下来了。最好是第二天拿出来做一次，到了周末或者一个章节学习结束后再拿出来做一次。一道错题，至少要重新再做三遍。

清错的标准是，能够又快又准地完成，做题的速度可以反映对知识点的熟悉度，准确率可以看出解题的规范性。这两点都能做好，才说明是真的掌握了，这道错题就可以从错题本中拿出去了。

在学习的时候，随着改错和积累，错题本是越用越厚的；而到了清错和复习的时候，随着错题一道又一道被解决，错题本是越用越薄的。学习者的成绩，也会在错题本的由薄变厚，再由厚变薄的过程中越来越好。

错题本的建立

错题本的建立，第一步是建议选用活页本。这样做的好处是，不用按照时间顺序去积累，而是可以按照错题类型去积累，方便随时往里面增加新的题目，做完改错已经没问题的题目也可以随时从中抽出。第二步，在进行错题整理时建议按照知识点或者章节来排序。

随着学习和整理，同一个模块、同一个章节的错题都集中在一起，有助于学习者进行反向总结。比如有理数部分错的都是含乘除法的题目，在之后的复习和练习中，就可以着重加强有理数乘除法的部分。

需要强调的一点是，在改错的时候，纯计算错误的题目不用整理到错题本上，一是因为计算题目太多了，会大大增加错题整理的工作量。二是计算错误的改正，不能针对某道题目，而是需要进行长期、持续且稳定的练习，在持续的练习中，不断提升计算的稳定性。

最后，错题本不是整理完就结束了，一定要进行定时复习，比如在结束一个章节的学习之后，要及时复习这个章节的错题，消灭错题。确定这些错题都能够掌握之后，就把错题从活页本中撤掉，错题本就会变得越来越薄。对于学习者来说，真正有效的清错，就是先把错题本做厚，再把错题本变薄。

第八章

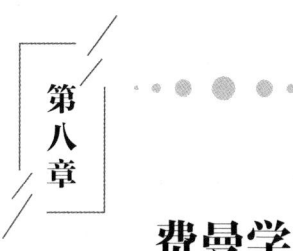

费曼学习法在史地政生学习中的应用

历史、地理、道德与法治（政治与法治、政治）、生物四个科目（小四门），在学习中虽然不是主科，但在考试时却是拉开成绩差距的关键项。只要找对学习方法，做好内容记背，不用花太多的时间和精力，也能取得不错的成绩。

一、小四门的学习逻辑

小四门虽然都是强记背的学科，但因为学科特点不同，记忆的重点和方法也有所区别。

历史的学习逻辑

人物和事件是构成历史的基本要素，时间和空间是历史存在的基本形式。在学习历史时，这些基本要素要清楚记忆，并要充分了解事件背后的发生原因。

"读史明鉴，知古鉴今"是我们学习历史的意义所在，而这项能力的背后是归纳与总结的能力。

所以历史的学习一是靠理解和记忆，二是靠归纳和总结。

记忆对历史来说比其他学科更重要。如果时间、事件、人物都不能记忆清晰，做题时便会处处受阻。

历史的总结可以通过写年表的方式，将古今中外的事件串联起来，进行理解和记忆。

在学习和记背时，对历史事件的掌握要足够深入、透彻，它的时间、背景、条件、经过、人物、目的、原因、评价、影响等都要了然于心。

除了背诵老师总结出的要点外，还要通读课本，了解里面的内容，抓取关键词，以便用在简答题里。

历史在做练习时，有两个点需要注意，一是做题习惯，二是答题语言。

看到客观题，可以先把题目中的事件、人物等关键词标出来，判断选项时再进行一一对应，避免出现瞬时记忆出错，或是遗漏项。

对于主观题目，可以先看问题、再看材料，看材料的同时可结合题目圈画重点词。凡是考查课本重点知识的，课本中有论述的，就用课本中的论述作答。如果是考查课外知识的，一般可以从材料中挖掘出主要答案，再结合课本中相关的知识点，进行补充作答。

地理的学习逻辑

在地理的学习中，一定要消除对地理的心理偏见，不要求孩子有多喜欢这门学科，但至少不能觉得厌烦。

在地理的学习中图形很重要，要一边理解记忆，一边结合地图进行画图练习，比如地球公转示意图、五带的分界线，学会识别等高线、比例尺、方向和图例等。

道德与法治（政治与法治、政治）的学习逻辑

在道德与法治（政治与法治、政治）的学习中，细节是选择题取胜的关键，完整是大题的制胜法宝。这就要求学习者在学习的时候，不仅要梳理清楚每个问题，更要清楚记忆各个细节点，尤其是老师上课反复强调，容易出陷阱的内容和题目。

熟记课本内容是解答一切政治题目的基础。

但在咨询中，我经常会遇到孩子明明记背得不错，可就是不知道如何作答的情况。出现这个问题的原因就在于，学习者没能够把记背的内容与题目相关联。

解决这个问题最好的办法是,学习者在复习的时候,可以一边复习,一边自己动手画知识结构图。学习政治一定不要怕麻烦,态度非常重要。

生物的学习逻辑

学生中一直流传着这样一句话——"生物学习靠课本",也就是说,生物的学习是要在课上听懂的基础上,去理解和记忆课本中的内容,然后才是练习。

生物的学科特点是,知识点又多又琐碎,分布在书中各个角落。在学习的时候,一定要多关注书上的黑体字、粗体字,实验部分和图形。

在生物的学习上,不要嫌看书费时间,因为生物的很多题目是抠字眼。往往当学习者做好知识点的记背,去做题的时候会发现,很多题目都在考查同一个知识点,只是题目中的个别字、词做了变动。

在生物的试卷中,选择题最容易拿分,也最容易丢分。做完选择题后,学习者对于做错的题目,不但要分析错因,还要再次复习对应的知识点。即便是在答题时做对了,也要多花心思,分析错误的选项为什么错,并在选项旁边写清楚自己思考和分析的过程。

生物试卷中的很多大题都源于课本中的实验,所以在复习的时候要特别注意和实验有关的章节。

二、小四门预习的重点和流程

经常会有上小学的孩子妈妈问我,都说到了初中小四门的成绩对总分很关键,要不要提前学一学。

我的回答都是完全没有必要。小四门虽然对总分影响很大,但是并不难学。做好预习和记背,再加上适当的练习,成绩都不会太差。

生物和地理预习的重点与流程

在小四门中,生物和地理的学习很像,都需要注重课上听讲,倾向于理解性记忆,在学习和考试中图形都占有比较重的分量。生物和地理预习的重点与流程具体如图 8.1 所示。

```
                        ┌ 课文原文
              ┌ 预习的重点 ┤ 基础的概念 ┬ 概念是选择题和填空题的基础
              │          │ 和图形    └ 图形的理解是学习的关键
              │          │          ┌ 粗体字
生物和地理的预习 ┤          └ 生物的实验部分 ┤ 黑体字
              │                     └ 实验的注解
              │          ┌ 熟读课本 ── 记忆基本名词和概念
              └ 预习的流程 ┤ 动手画图
                         └ 实验部分的记背
```

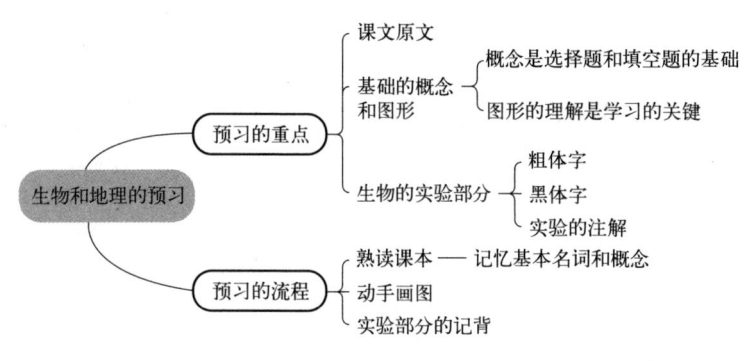

图 8.1 生物和地理预习的重点与流程

1. 预习的重点

从学科特点来看,生物和地理的预习重点,一是教材中的课文原文,课文原文是学习学科语言最重要的途径;二是基础的概念和图形，概念是选择题和填空题的答题基础，图形的理解是学科学习的关键；三是生物的实验部分，要对书上的黑体字、粗体字、实验的注解等一字不差地进行多次阅读。

2. 预习的流程

生物和地理在进行预习时，不必纠结是否需要大量记背。预习的流程主要是：一是熟读课文，背诵基本名词和概念；二是要动手画图，在相应位置填入文字；三是实验部分的背诵，以及做题的文字规范。

历史和道德与法治（政治与法治、政治）预习的重点与流程

历史和道德与法治（政治与法治、政治）两个学科都是非常重视基础知识背诵的，基础知识的记背程度，直接关系到考试的得分情况，所以在进行预习时，就要对基础知识下功夫。历史和道德与法治（政治与法治、政治）的预习重点与流程如图 8.2 所示。

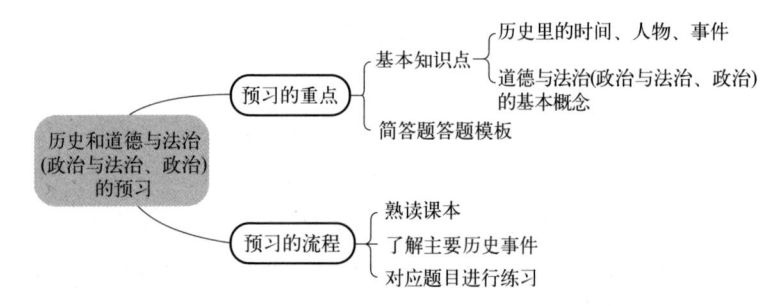

历史和道德与法治（政治与法治、政治）的预习
- 预习的重点
  - 基本知识点
    - 历史里的时间、人物、事件
    - 道德与法治(政治与法治、政治)的基本概念
  - 简答题答题模板
- 预习的流程
  - 熟读课本
  - 了解主要历史事件
  - 对应题目进行练习

图 8.2　历史和道德与法治（政治与法治、政治）的预习重点与流程

1. 预习的重点

从学科特点来看，历史和政治的预习重点主要有两个部分，一是基本的知识点，比如历史里的时间、人物和事件，道德与法治（政治与法治、政治）中的基本概念；二是简答题的答题模板，答题模板是答题的主要框架，也是正式学习时的学习重点。

2. 预习的流程

历史和道德与法治（政治与法治、政治），因为基础记背比较重要，所以在预习时就要完成部分记背。具体流程如下：一是要熟读课文，同时背诵基本名词和概念；二是了解本章、本节的主要历史事件及学习要点，然后找到对应的题目，在练习的过程中检查背诵并加深理解。

三、小四门的背诵技巧

在了解记忆逻辑的基础上，根据学科特点，找到适合的记忆方法，是提高记背和学习效率的重要学习技巧。

记忆的逻辑

在前面讲提升记忆效率的时候，我们就提到过，从脑科学的角度来看，海马体和杏仁核两个区域对记忆有着至关重要的作用。

海马体负责"审核"哪些信息可以从短期记忆转为长期记忆。

它的评判标准主要是经常重复、与生存相关、输出重于输入。

而杏仁核与情绪、学习和记忆有关，那些能够引发我们情绪波动的信息、事件，更容易被我们记住。

短时间内多次重复也好，给要记忆的内容赋予一个重要意义也好，通过输出、练习来加深记忆也好，这些技巧的底层逻辑都是"欺骗海马体"。让海马体认为所要记忆的内容是重要的，进而从短期记忆转为长期记忆。

狮子记忆法

在《考试脑科学》一书中提到过这样一种记忆法——狮子记忆法。大意是说，我们可以假想自己是一头生活在大自然中的狮子，做为狮子的你在什么样的场景下记忆力会更好？

1. 饥饿时

对生活在大自然中的狮子而言，饥饿是一种非常危险的状态，那是和生存直接相关的。感受到肚子饿的时候，就要去捕猎。想要成功捕获猎物，就需要激发自己全部的潜力，过往捕猎的经验与记忆都会被调用。

也有研究发现，我们在适度饥饿的时候记忆力确实会比较强。注意，是适度饥饿，饿过头是不行的。

因为在饥饿时，我们的胃会分泌一种叫作"食欲刺激激素"的物质，它会随着血液循环进入海马体，提升海马体神经元的信息传递效能，进而提高我们的记忆效率。

所以，饭前是很适合孩子们用来记忆的一个时间点。

2. 移动时

可以想象一下狮子捕猎的场景，一定是需要走动或奔跑的。

有研究表明，当我们来回走动时，海马体会产生 θ 波。而 θ 波的产生会提高我们的记忆能力。

在大学校园里，我们会经常能看到来回走动，记背单词的学生。我自己上学的时候，也很喜欢一边踱步一边背书，哪怕就是在屋子里来回走两圈。

在孩子进行记背时，也可以让他们站起来走动走动，又或者在晨读时可以一边踱步一边朗读。

3. 寒冷时

与温暖的季节相比，冬天时狮子想要捕捉猎物的难度会增加，这时它就需要调用关于生存的记忆，确保自己可以安然度过冬天。

留心观察孩子的学习状态也不难发现，在夏天屋子炎热的情况下，孩子的学习效率会相对较低。但当室内温度降低，在适度寒冷的环境中，孩子的学习效率会有所提升。

狮子记忆法是从生存的角度出发，去思考什么样的环境和状态是更有利于提升记忆的。这是一种适用于所有学科记忆的通用技巧。

联想记忆法

所谓联想记忆法，是利用事物之间的联系，通过联想进行记忆。在记忆一个枯燥、陌生的概念时，可以尽情地发挥想象，比如利用谐音、寻找相近的事物，又或者抓住关键词和关键信息，将它们串联起变成一个故事，来辅助自己完成记忆。

联想记忆没有一定之规，每个人的联想方式和记忆特点都不同，根据自身情况，找到适合自己的路径就好。

比如，我上学的时候，老师给我们讲淝水之战发生于公元383年，通过"淝"我联想到"肥胖"，由肥胖想到胖娃娃，而8字的两个圆正好是胖娃娃的头和身体，两个3则是两个耳朵。这种"谐音＋形象"的联想方式，对我来说特别好用，以至于毕业二十多年后还对这一年份印象深刻。

我带过的一个一对一的孩子曾和我讲，他最擅长用谐音的方式记忆，比如在记忆省份简称时，黑龙江省简称黑，省会是哈尔滨，他用的谐音就是"嘿哈"。听他说过之后，每次看到"嘿哈"我都会立刻想起黑龙江的简称和省会城市。

从这两个例子可以看出，联想不一定要多高深，也不一定多么有逻辑，只要自己用着顺手，方便记忆就好。

时间轴记忆法

很多孩子在学习历史的时候，会因为人物、时间、事件很多，在短时间内集中记忆时记混，把A事件的时间安到了B事件上，把张三做的事情记成了李四。

能够及时发现，立刻修正还好，怕就怕记一次不对，再一次还不对，慢慢错误的印象就根深蒂固了，想要改可就没那么容易了。

在咨询中遇到这种情况，我都会教孩子用时间轴记忆法辅助记忆。

所谓时间轴记忆法，就是利用画时间轴的方法，以时间段来划分历史事件，然后将这些历史事件按照时间顺序串联起来，帮助孩子记忆。从方法的介绍也看得出，时间轴记忆法非常适合历史的学习。

在应用时间轴记忆法时有以下几点要注意。

首先，要判别需要记忆的内容，是否适合应用时间轴记忆法。对于那些时间点多，政治、经济、文化各个方面都有涉及的知识，是比较适合使用时间轴记忆法。

其次，学习者要对需记背的内容足够熟悉。使用时间轴记忆法的一个重要前提就是要对所记忆的事件、专题已足够了解，能够清晰地梳理出其中的时间脉络。

时间轴不需要做得多复杂、多花哨，能够把事情梳理清楚，准确列出就足够了。

具体操作步骤是，先画一条时间轴坐标，然后完善坐标上面各个时间段的名称，可以是朝代名字，也可以是具体的事件名称，最后再写上自己认为需要补充的知识点，比如重要事件或重要内容，具体如图8.3所示。

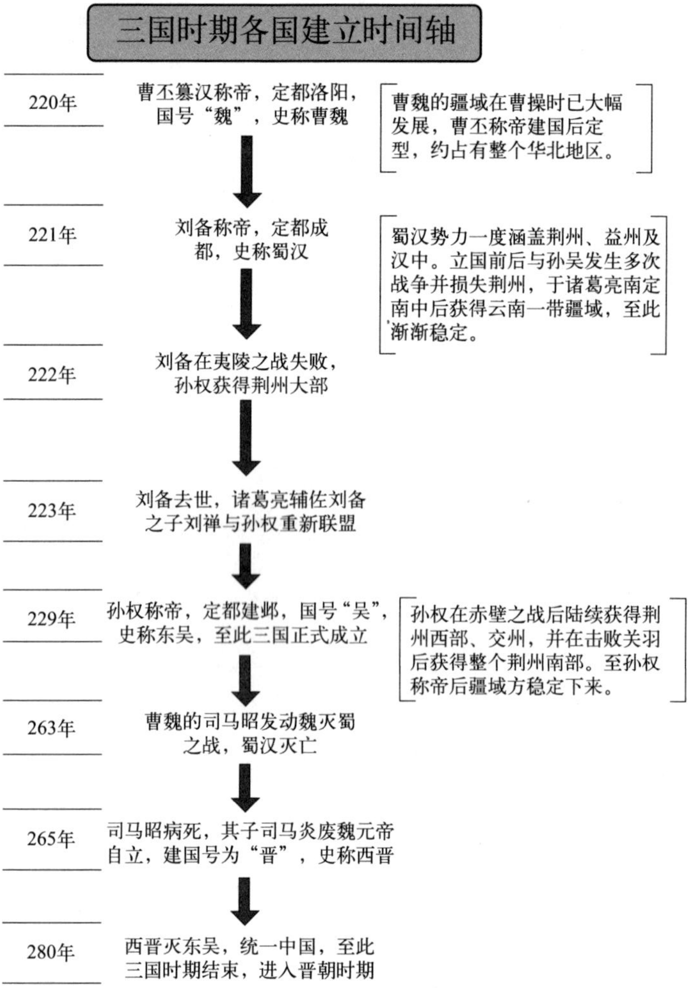

三国时期各国建立时间轴

年份	事件	备注
220年	曹丕篡汉称帝,定都洛阳,国号"魏",史称曹魏	曹魏的疆域在曹操时已大幅发展,曹丕称帝建国后定型,约占有整个华北地区。
221年	刘备称帝,定都成都,史称蜀汉	蜀汉势力一度涵盖荆州、益州及汉中。立国前后与孙吴发生多次战争并损失荆州,于诸葛亮南定南中后获得云南一带疆域,至此渐渐稳定。
222年	刘备在夷陵之战失败,孙权获得荆州大部	
223年	刘备去世,诸葛亮辅佐刘备之子刘禅与孙权重新联盟	
229年	孙权称帝,定都建邺,国号"吴",史称东吴,至此三国正式成立	孙权在赤壁之战后陆续获得荆州西部、交州,并在击败关羽后获得整个荆州南部。至孙权称帝后疆域方稳定下来。
263年	曹魏的司马昭发动魏灭蜀之战,蜀汉灭亡	
265年	司马昭病死,其子司马炎废魏元帝自立,建国号为"晋",史称西晋	
280年	西晋灭东吴,统一中国,至此三国时期结束,进入晋朝时期	

图 8.3 时间轴记忆法示例

思维导图记忆法

思维导图又叫心智导图、脑图,是一种图形化的思维工具。

思维导图能够有效地表达发散性思维，可以从一个中心主旨出发，发散出相关的知识点，每一个知识点又能进一步发散出更多、更细化的知识点。

所谓思维导图记忆法，就是借助思维导图梳理知识结构，然后从理解和记忆结构框架入手，完成整体记背。

这样经过了梳理之后，孩子就能对这一章的知识点有一个非常清晰和全面的了解，具体如图8.4所示。

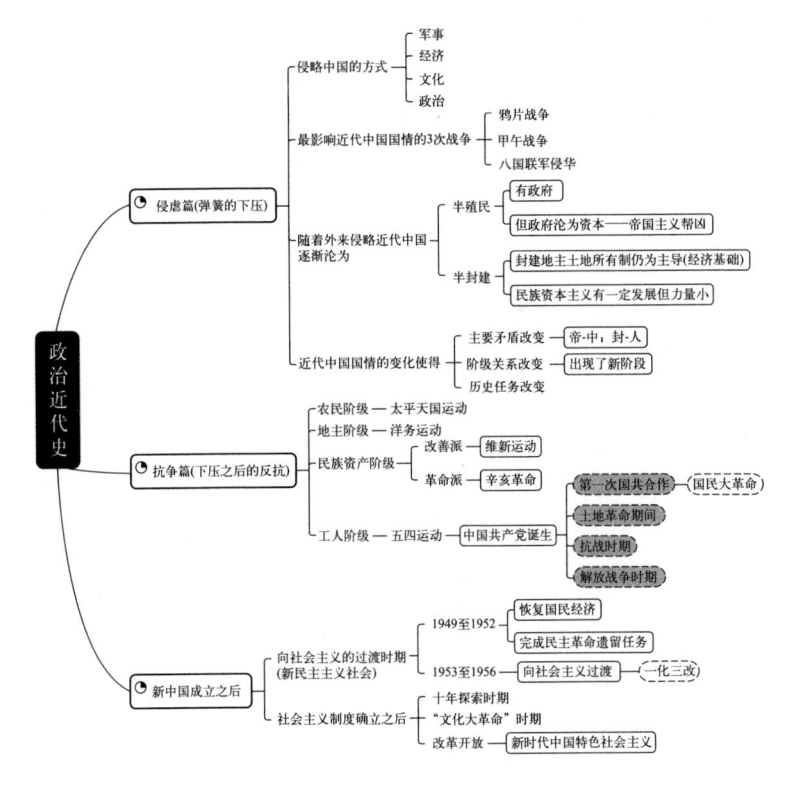

政治近代史

- 侵虐篇（弹簧的下压）
  - 侵略中国的方式
    - 军事
    - 经济
    - 文化
    - 政治
  - 最影响近代中国国情的3次战争
    - 鸦片战争
    - 甲午战争
    - 八国联军侵华
  - 随着外来侵略近代中国逐渐沦为
    - 半殖民
      - 有政府
      - 但政府沦为资本——帝国主义帮凶
    - 半封建
      - 封建地主土地所有制仍为主导（经济基础）
      - 民族资本主义有一定发展但力量小
  - 近代中国国情的变化使得
    - 主要矛盾改变——帝-中；封-人
    - 阶级关系改变——出现了新阶段
    - 历史任务改变

- 抗争篇（下压之后的反抗）
  - 农民阶级——太平天国运动
  - 地主阶级——洋务运动
  - 民族资产阶级
    - 改善派——维新运动
    - 革命派——辛亥革命
      - 第一次国共合作——国民大革命
      - 土地革命期间
      - 抗战时期
      - 解放战争时期
  - 工人阶级——五四运动——中国共产党诞生

- 新中国成立之后
  - 向社会主义的过渡时期（新民主主义社会）
    - 1949至1952
      - 恢复国民经济
      - 完成民主革命遗留任务
    - 1953至1956——向社会主义过渡——二化三改
  - 社会主义制度确立之后
    - 十年探索时期
    - "文化大革命"时期
    - 改革开放——新时代中国特色社会主义

图8.4 思维导图记忆法

思维导图在使用的过程中，不必在意是否画得好看和专业，能够达到帮助梳理知识点和复习的目的即可。

图形记忆法

在进行生物和地理的学习时，孩子们不难发现，书中、题中都有很多图形，对知识的学习和考查往往也是和图形相结合的。所以在这两个学科的学习中，就特别适合用图形记忆法辅助进行知识的记背。

图形记忆法是指结合图形进行记忆，比如地理的地形图、山脉图、流域图，生物的人体结构、血管图等。学习时学习者要学会动手画图，图形不一定要画得多标准，大概位置、走向是对的，方便自己记忆就好。具体如图 8.5 所示。

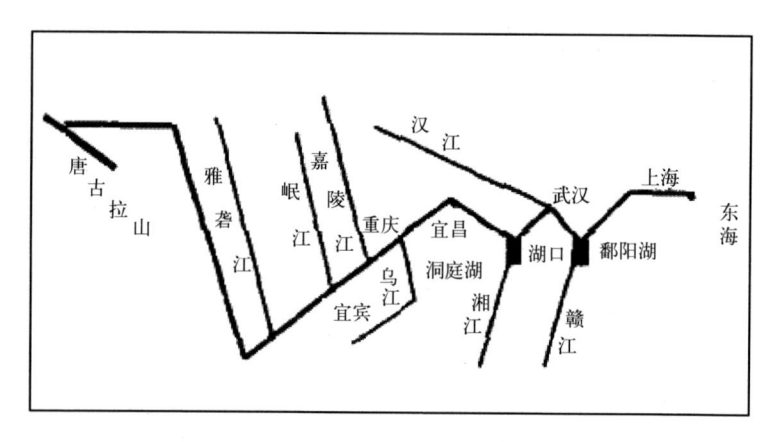

图 8.5　图形记忆法之流域图

费曼在普林斯顿大学读研究生期间，就曾利用"猫地图"记忆猫身上的结构。

朗读记忆法

加拿大蒙特利尔大学的研究团队，曾做过这样一个实验。

实验中他们一共找来了44个大学生，将他们分成四组。让他们都去阅读屏幕上的文字。不同的是，每组的阅读方式上有所差异。

第一组要用默读的方式进行阅读，就是通过眼睛去看，在头脑中完成阅读，全程不能发出声音，也不能有嘴唇上的动作。

第二组同样是默读，但他们可以有嘴唇上的动作，只是不能发出声音。

第三组被要求在阅读的同时发出声音，但声音不能打扰到旁边的人。

第四组则被要求大声朗读，至少要能让旁边的人听到。

经过一段时间的朗读后发现，四组学生，第一组的记忆效果最差，第四组的记忆效果最好。

因为在大声朗读时，同时用到了眼睛、嘴和耳朵等多个器官。大脑的大部分神经细胞被调动了起来，充分参与到记忆活动中，对强化记忆力有着显著作用。此外，听到自己所读的内容也能够加深我们的记忆。

通常谈到记忆时，我们总是很容易忽略听觉器官起到的作用，但实验结果证明,听觉同样是帮助我们记忆的一条重要路径。

我们在大声朗读时,声音的振动能够转化为大脑运动,并在大脑深处产生共鸣,进而引起大脑深处的变化,打开最深层的脑记忆回路。

所以对于记忆有困难的孩子来说,可以从朗读记忆法入手。

听读记忆法

我在咨询时遇到过很多记背困难的孩子,越是不喜欢,越是背不下来,越背不下来,就越是不喜欢。平时能拖就拖,能躲就躲,到了考试前一两周实在躲不过,就硬着头皮,一边抱怨一边记背,效果自然好不到哪里去。

刚开始遇到这种情况的时候,我还试着给孩子们讲道理,希望可以让他们明白记背的重要性。

可这样做了三五次后我发现,虽然能从根本上解决孩子对记背不重视的问题,但并不能改善他们记背难的状况。于是我就想到了听读记忆法。

所谓听读记忆法,就是在朗读记忆法的基础上,增加了"听"的动作。孩子们可以在复习时,自己出声朗读课文,以及需要记背的知识点,借助MP3、手机等设备录音,在上学和放学路上、外出就餐排队等位一类的碎片时间,反复听自己的录音,加深记忆。

使用这种方法的好处是,可以有效利用碎片时间,通过听反复刺激大脑，提升学习和记背的效率。

关键词记忆法

在进行小四门的记背时，难免会遇到一些离生活很远，又让孩子觉得很枯燥的内容。尤其是道德与法治（政治与法治、政治）的学习，比如宪法、刑法一类的内容，孩子平时不接触，内容又陌生，理解起来本身就有难度，但又必须准确记忆，往往就成了孩子学习的一个"老大难"。

我在做咨询时就遇到过这样的孩子，其他科目成绩都处于前列，唯有道德与法治（政治与法治、政治）怎么都找不到背诵的技巧。我就建议她用听读记忆和关键词记忆相结合的方法进行记背。

先是每天增加晨读的时间，大声朗读课本，同时完成录音，在上下学路上反复听增加熟悉度。晚上到家后再用关键词记忆法进行集中记背。

用这种方法记背了一个月左右的时间，期末成绩出来的时候，孩子特别高兴地告诉我说："阿姨，你可帮了我大忙了，我再也不用被道德与法治（政治与法治、政治）拖后腿了！"

所谓关键词记忆法，是在背诵一大段文字时，根据文意，圈画出其中的关键词，也可以在记背时用笔把关键词摘抄下来，然后合上书，尝试在关键词的提示下回忆原文。

这种记忆法比较适合记忆大段文字以及不太容易被理解的内容，尤其适合道德与法治（政治与法治、政治）的记背。

四、小四门的日清与周清

在小四门的学习中，除了掌握背诵技巧，了解学科逻辑，科学的时间规划、复习安排，也是省时省力高效学习的关键。

什么是日清和周清

我带过一个语文、数学、英语三大主科成绩特别好，但总体排名很一般的孩子。主要原因就是小四门拖了后腿。

孩子说平时大部分的时间和精力都放在了三大主科的学习上，史地政生这四门小科都是在考试之前突击。

每次复习和考试的情况都差不多，背的时候感觉效果还可以，可是一到考场就发现忘得差不多了，好多相近的内容还会记混，选择题模棱两可时只能靠运气来作答，简答题再三思考还是会写串，成绩自然不那么理想。要不是上课听课效果还不错，成绩估计会更惨。

从我带学生的经验来看，小四门的学习只要上课认真听讲，找好学习节奏，是相对容易提分的。

可问题就在于，到底要怎么确定好这个节奏？

一般在史地政生的学习上，我会要求孩子们每天下课回家复习和记背当天所学的知识点。到了周末再拿出一块专门的学习时间，进行补充背诵，和巩固练习。

针对这个孩子的情况，我给他的建议是，每天晚上拿出30

分钟的时间，记背当天所学，能背多少是多少，没完成的部分，放到周末进行集中背诵。

按照这样的方法，经过一个学期的学习，他的史地政生总成绩提高了 37 分，年级排名前进了 100 多名。

我给他制订学习计划的总体思路就是把背诵任务分散到每天，把巩固复习放在每周，也就是我经常提到的日清和周清。

1. 日清

日清是指以一天为单位，完成当天所学内容的复习与记背。

每天放学回家之后，把当天在课堂上所学的知识，都复习巩固一遍。不管是语数英的主科，还是副科物理、化学，以及史地政生的小四门，都要有日清的过程。

语文和英语要复习当天所学的生字词，回顾老师课上补充的重点字词解释、固定搭配、重点句子翻译、语法点等内容，如果作业中刚好有相同的复习内容，可以与作业进行合并，不必为了复习而复习，一遍就能做好的事情，不用重复劳动。

数学、物理和化学，要记背当天涉及的概念、公式和定理，动手写一写效果会更好。在实际执行中，很多孩子都不注重这一步，甚至觉得这是浪费时间。但事实上，基础知识的掌握程度，直接影响着孩子们做题时的反应速度。

历史、地理、生物、道德与法治（政治与法治、政治）这四门的日清，主要是记背当天所学的知识点。记背不是简单地看一遍，记背过后要有相应的检测手段，让孩子清楚地知道，自己当天所学内容记背的完成度是多少，如果有遗漏，要在周清时及时补充。

2. 周清

周清是指以周为单位，到了周末完成一周所学内容的复习、记背、改错与练习。

周清是对日清的巩固和补充，不只是知识点的记背，平时没有完成的练习、改错，都可以放在周末统一完成。比如生物、地理的课时练习，道德与法治（政治与法治、政治）和历史的简答题专项训练。

小四门日清的重点、方法与时间安排

小四门的日清，就是记背当天所学的重要知识点，要达到85%以上。

我在教孩子们日清的方法时，经常会听到孩子和家长抱怨说："每天都要记背四门，任务量太大了。"

很多事情用眼睛看会有些难，但实际操作过就会知道，远没有自己想象的那么困难。第一，四门科目不会每天都有，最多也就一天有两门；第二，看上去很难的记背任务，对孩子来说，哪怕是最难的道德与法治（政治与法治、政治），只要上课认真听讲，回到家后有30分钟左右的记背也就足够了。

历史和政治的日清主要就是记背知识点，重点是要有检查日清效果的手段，做题检查也好，请家长帮忙考查也好，日清能达

到正确率85%就可以。

地理日清的时候，要以教材为依据，但凡遇到图形题，不仅要记背图中的文字，还要能动手画图，把图上的注释都填上去。

生物的日清内容主要在书上，书上的黑体字、粗体字、实验部分要做到能看懂、能记背、能讲述给别人听。

从时间安排上看，要做到随学随复习，可以根据孩子的课表，有小四门课程的日子，当天学哪科，回家就复习哪科，道德与法治（政治与法治、政治）留出30分钟，其他科目每科15～20分钟即可。没有完成记背，或者没记住的部分，要做好标记，为周清做准备。

小四门周清的重点、方法与时间安排

周清的重点有三件事，一是补充记背周中没有完成的部分，二是一周错题的改错，三是适当地做练习巩固记忆。

1. 补充记背

周末想要顺利完成补充记背，周中每天记背时就要留有标记，哪些完成了记背，哪些还有不足。这样等到周末周清时，才能不做重复劳动，高效利用时间。

2. 错题清错

错题清错不是再把题做一遍，而是根据一周错的所有题目，把对应的知识点找出来再学一遍。

就像我们前面讲到的，改错起码要完成四步，第一步整理错题，第二步分析错因，第三步分类整理，第四步错题重做。

3. 做题练习

历史和道德与法治（政治与法治、政治）可以采用简答题专项训练的方式进行学习，把家里的教辅书找出来，先尝试用一周所背知识口述回答，然后把答案贴在题目下面，尝试记背。简答题的背诵要做到两点，第一是不遗漏得分的要点，第二是科目语言要规范。

生物和地理的考试题目相对灵活，周末要安排适当的练习，多见些不同的题目。

从时间安排上看，每个周末可给小四门划定一块专门的学习时间，大概在4个小时即可，也可以根据孩子的实际情况进行调整。一般情况下我会建议孩子们把这4个小时集中在一个半天里。

相传费曼曾说："不要试图用科学填满你的心，用爱就够了。"从兴趣和热爱出发，找到适合自己的方法和路径，才能让我们终身学习。